U0929740

中国农业科学院农业经济与政策顾问团专家论文集

顾问团秘书处

中国农业出版社

编　委　会

前言

2017年，中国农业科学院以习近平新时代中国特色社会主义思想为指导，深入学习贯彻中共十九大精神，认真落实党中央、国务院的决策部署，以实施创新驱动发展战略和乡村振兴战略为引领，按照“三个面向”“两个一流”“整体跃升”的发展要求，积极进取、勇于创新。

当前，我国正积极推进实施乡村振兴战略，加速推进农业供给侧结构性改革，农业增效、农民增收、农村增绿取得新进展。面对新形势、新任务，迫切需要针对农业农村发展中的重大战略问题和前沿科技问题进行深入全面研究，为中国新时代乡村振兴战略的顺利实施提供有力的决策支持。为进一步加强宏观战略研究，中国农业科学院成立了中国农业科学院农业政策与科技发展战略研究中心和中国农业发展战略研究院，充分发挥国家高端智库的作用与优势，建设一流的决策咨询研究平台，瞄准国家农业农村现代化战略需求和农业科学发展前沿问题，开展相关领域的前瞻性、综合性、全球性的战略研究和资讯服务。

中国农业科学院农业经济与政策顾问团作为中国农业科学院宏观战略研究的重要组织，各位顾问专家继续贯彻落实2015年时任国务院副总理汪洋在顾问团成立十周年专家座谈会上的重要讲话精神，紧紧围绕党中央、国务院关心、农业农村现代化迫切需要解决的重大理论和现实问题，广泛调研、深入研究，发挥决策参谋职能，较好地发挥了科学研究咨询支撑科学决策的作用。

新时代、新要求、新作为，在国务院领导的关心和支持下，顾问团各位顾问专家深入开展调研工作、积极建言献策，2017 年又取得了一批新成绩。在专家咨询建议报告中，4 份报告得到领导重要批示，4 份建议报告在《求是内参》转载，还编辑出版了《2016 中国农业科学院农业经济与政策顾问团专家论文集》，较好地发挥了高端智库的决策咨询作用。

为方便查找和使用，现收集整理 2017 年领导批示的政策建议、顾问团专家论文、《判断与思考》简报专家文章等汇编成集并编辑出版。论文集分 3 个部分：第一部分收录了顾问团得到党中央、国务院领导及有关部委领导批示的政策建议 5 篇；第二部分收录了顾问团专家论文 7 篇；第三部分收录了《判断与思考》简报专家文章 2 篇，在此一并呈献给大家，供交流参考。

值此新春来临之际，祝各位顾问专家在新的一年里，身体健康、家庭幸福、工作顺利、多出成果！

中国农业科学院院长

中国工程院院士

2018 年 1 月

目录

三、《判断与思考》简报专家文章

附录

一、领导批示的政策建议

发展品牌农业要把握的几个问题

万宝瑞

发展品牌农业，是农业供给侧结构性改革的重要内容，是当前和今后一个时期加快现代农业建设的重大任务。发展品牌农业不仅能够满足不断升级的消费需求、优化农业产业结构、提升农产品的质量水平和市场竞争力，而且是发展现代农业，实现农业增效、农民增收的重要途径。习近平总书记曾强调要生产质量安全的农产品，并特别提到要用品牌建设来保障人民群众“舌尖上的安全”。这就为发展品牌农业指出了方向，要大力发展人无我有、人有我优、人优我特的产品和产业，打造优势品牌农业，以品牌保质量，向品牌要效益。

一、品牌农业特点

品牌农业是现代农业发展的有效载体，没有农业自主品牌建设，就没有强大的现代农业。发展品牌农业的过程就是实现专业化、规模化、标准化生产的过程，对农业产业化发展、实现一、二、三产业融合具有重要带动作用。发展品牌农业能够推进农业产业结构调整，实现农业由数量型、粗放型增长向质量型、效益型增长转变，是农民增收的重要途径。发展品牌农业也是农业供给侧结构性改革的必然要求，有助于推广先进农业技术，引导农业生产要素向品牌产品优化配置，全面提高我国农业竞争力。品牌农业主要有以下五个特点：

第一，品牌农业是由农业科技、消费需求、农业资源禀赋和地理文化等因素共同铸就的，部分区域公共品牌具有显著公共品特性。

第二，品牌农业形成与发展有其自身特点和规律，与工业品牌不同，受制于地理环境、气候干湿、日光温差、人文环境等影响，部分地理标志产品还受制于产能规模。

第三，农产品本身具有周期性、地域性以及品种更新换代等特点，在不同地区和不同时期，消费者需求并不一致。随着人们生活质量提高，农产品品牌内涵也是与时俱进的。

第四，品牌农产品生产科技含量不高，易学易仿，受市场供需影响较大，一旦产品出现质量等问题，品牌保护难。

第五，品牌能够带来农产品的溢价。品牌是信誉的凝结，是产品质量和标准的背书，通过打造优势品牌，建立产品的护城河，能够形成农产品溢价机制。

二、品牌农业发展形势

经过多年培育，我国形成了一大批具有地方特色的名、优、特、新产品品牌，对拉动地方农业经济发展发挥了重要作用。

1. 品牌农业发展速度持续加快。近年来，国家相继出台了一系列文件推进品牌建设，地方政府和农业部门对推进品牌农业积极性都很高，先后开展了园艺作物“三品”提升行动，打造“一村一品”试点，初步形成了以标准化生产和质量认证为基础、以产销促进和品牌推介为抓手的品牌农业工作机制。一大批具有地方特色的名、特、优、新农产品已成为具有较高知名度、美誉度和较强市场竞争力的品牌。目前，全国有区域公共品牌 500 多个，如三元、顺鑫、鹏程等农业企业品牌，涪陵榨菜、烟台苹果、西湖龙井、赣南脐橙等区域公用品牌。截至 2014 年，“一村一品”主导产品获得无公害农产品、绿色食品、有机农产品认证的专业村已达 2.3 万个，拥有注册商标、省级以上名牌产品、地理标志产品保护认证的专业

村，分别占总数的 26.9%、8.1%和 17.4%。截至 2016 年年底，国家质检总局已对 1 992 个地理标志产品实施了保护，核准了6 107家企业和组织使用产品地理标志；“三品一标”总数达到10.7 万个，种植面积 3 000 万公顷，约占同类农产品种植面积的 17%。

2. 品牌农业市场竞争力不断增强。中国农产品很早就进入国际市场，近年来，以品牌化的方式拓展“出海”之路。WTO统计数据显示，中国农产品出口贸易规模，2007 年出口额为 370 亿美元，到 2016 年，出口额增长到 726 亿美元，农产品出口企业达21 032家。据浙江大学中国农村发展研究院发布的 2 015 中国农产品区域公用品牌价值排行，品牌价值超过 50 亿元的有 14 家，前100 名区域公共品牌总价值达 3 228 亿元。

3. 品牌建设带动产品提质、农民增收。据调查，消费者对“三品一标”的综合认知度已超过 80%，无公害和地理标志农产品的价格平均提高了 5%～30%。2010 年，中国人民大学环境学院专家调查发现，北京市 54 家无公害产品生产企业，近 70%受访企业的产品价格和效益在实施认证后有不同程度的增加；33 家企业表示认证提高了产品价格，其中，26 家企业产品价格平均提高了41%；36 家企业表示认证增加了企业效益，平均值为 15%。2015年，我国绿色食品产品的国内年销售额为 4 383.2 亿元，绿色食品原料标准化生产基地直接增加农民收入超过 10 亿元。据调查，申报绿色食品认证的企业，有近 70%的受访企业，其产品价格提高18%、效益增加 13.2%；申报有机农产品认证的企业，超过 70%的受访企业，其产品价格和效益分别提高了 74%和 19%。

随着农业和农村经济的发展，我国农产品管理部门和生产经营者品牌意识不断增强，品牌农业建设取得明显成效的同时，也还存在着一些问题。

1. 对品牌农业存在认知误区。一些地方行政部门和市场经营主体对品牌建设存在认知误区，认为商标就是品牌，混淆了品牌和商标的区别，而且“重生产，轻品牌”的现象比较普遍，打造品牌的意识不强，缺乏对品牌内涵的认识、形象的塑造和文化的挖掘。在管理上，一些地区认为区域公用品牌就是“行政品牌”，地理标志可以超过原产地。此外，多数市场主体存在品牌定位意识缺失的问题，商标注册随意性较大，认为“高大上”就是品牌等认识误区。

2. 对农产品品牌定位不清。虽然我国农产品注册商标众多，但真正在消费者心中有影响力的品牌并不多。其原因之一，就在于我国农产品品牌定位模糊，同质化现象突出，常常出现“一品多牌”和品牌内涵单薄等。

3. 品牌农业市场竞争力不强。由于农产品品牌建设起步晚、基础差，真正具有竞争力的品牌较少，除了极少知名品牌外，多数品牌影响力还仅停留在局部地域，跨省跨区域的品牌不多，国际上的知名品牌就更少了。一些本来具有优势的品牌，由于保护机制不健全，无法持续保持影响力。同时，受到农产品自身局限性及人才、科技、设备等条件的限制，我国农产品品牌的发展，呈现种类分布不均、主体结构分布不合理，品牌规模小，初加工产品品牌多，且科技含量不高，阻碍了农产品品牌整体实力的发挥。

4. 区域公用品牌重申报轻监管。各地对申报、推广区域公用品牌，打造地方特色产业、提升地方形象产业比较重视。但对于区域公用品牌的授权、监督、管理滞后，相应的监管制度和授权与退出机制还没有普遍建立起来，出现了区域公用品牌“泛用”和未授权生产经营单位“滥用”等问题，存在着“劣币驱逐良币”的严重倾向，严重影响我国区域公用品牌的发展。

5. 品牌农业区域发展不平衡。农产品的生产对自然条件有较强的依附性，我国地域广阔，各地区的地理条件、气候差异较大，对各地区的农产品品牌发展造成了一定的影响。由于各地的经济发展程度、认识水平不一，致使各地的品牌化发展很不平衡，就品牌农业发展情况来看，经济发达地区好于欠发达地区，沿海地区好于

内地。从产品看，农产品品牌多是鲜活农产品和初加工产品，缺乏精深加工、二次增值的产品，难以提升品牌农业的国际竞争力。

三、发展品牌农业要处理好四个关系

1. 处理好农产品品牌与农产品商标的关系。打造农产品品牌，需要对农产品属区的自然资源、历史人文要进行挖掘，依托农产品品质认证、地理标志和区域公共品牌提升品牌价值。而农产品商标只是农产品品牌建设的部分内容。“品牌”和“商标”都需要塑造形象并赋予内涵、提升商誉，但商标更注重营销体系的建立，提高消费者影响力。

2. 处理好农产品品牌与营销体系建设的关系。营销体系是产品生产者和消费者之间的纽带和桥梁。消费者是通过营销体系了解农产品的质量和品牌，产品生产者是通过营销体系推销、宣传产品的特点和优势。没有广大消费者对产品的了解，就不可能形成知名品牌，即使已形成知名品牌，如果营销体系建设跟不上，品牌生命力也不会持久。例如，河北金沙河面业集团，通过近万人的营销网络和体系建设，打造了面食业产品高知名度的品牌。

3. 处理好农产品品牌与生产成本的关系。发展品牌农业必将带来生产成本和销售价格上升，如果产品提价带来销量下滑甚至企业效益下降，则品牌就难以持续发展。我国粮、棉、油、糖和部分畜产品生产成本较高，在国际市场上不具有竞争力，一些商家侧重于将品牌定位在高端领域，认为只有高端的品牌才是品牌，其实中低端品牌也有自身发展的优势，有其特定消费群体，关键是要找准市场需求，通过降低生产成本来提升竞争力。

4. 处理好农产品品牌与监管的关系。农产品品牌与工业品牌不同，政府在农产品品牌建设中发挥了重要作用。第一，政府需推动农产品差异化发展，强化对农产品品牌推介、评选、推优等活动，鼓励农业企业做好质量、做大品牌。开展农产品品牌征集、审核推荐、品牌评价以及品牌培育和保护制度。第二，充分发挥行业协会的重要作用，如制订品牌发展规划、建立品牌标准体系、开展技术服务、组织品牌营销和加强品牌管理等。第三，加快农产品品牌诚信体系建设，切实维护消费者利益和品牌经营者合法权益，引导、鼓励、支持品牌经营主体自觉维护品牌形象，依法进行品牌经营。

四、政策建议

发展品牌农业的成功经验表明，树立国际知名农产品品牌需从五个方面着手：第一，挖掘区域资源优势，树立区域品牌；第二，严格质量管理，赢得市场信誉；第三，加大科技投入，提升品牌质量；第四，做好市场营销，推介知名品牌；第五，强化政府扶持，供给配套措施。借鉴国外成功经验，结合我国实际，发展品牌农业，需要从政策上做好以下四方面工作：

1. 立足资源优势，搞好品牌农业规划。围绕区域优势主导品种和产业，制订品牌农业发展规划。挖掘和整合农业优势资源，大力培育区域公用品牌，集中力量打造一批优势农产品知名品牌。

2. 完善标准体系建设，强化全程质量监管。质量是品牌的生命，标准化是品牌化的基础。各地农业主管部门应围绕主导产业的发展，完善标准体系建设，做到有标可依，有标必依；围绕打造名牌，组织标准化生产技术和管理措施进行示范推广，强化全程质量控制。

3. 扶持龙头企业，加大品牌培育力度。培育一批懂农产品品牌和品牌经营的企业家以及懂技术、会经营的农民。扶持或引进一批具有开发、加工及市场开拓能力的龙头企业，对当地特色农业进行深度开发，并与农民专业合作社或农户建立紧密的利益联结机制，形成打造品牌农业的利益共同体。

4. 加大政府支持，完善品牌发展政策。建立区域公共品牌建设与保护机制，加强地理标志等知识产权保护。建立有特色的区域品牌产地市场，为农产品品牌构建完善的信息网络和物流体系及产品推广和销售服务平台。制定税收优惠政策，加大公共财政投入，扶持优质农产品基地建设，放宽金融信贷政策。

关于以提高农产品质量安全水平为突破口深化农业供给侧结构性改革的建议

尹成杰

中共十九大对“三农”工作作出重要部署。处在中国特色社会主义新时代的农业，面临新形势、新目标和新任务。新时代的农业发展和现代农业建设，关键在于大力提高农业发展的效益和质量。提高农产品质量安全水平，是提高农业发展质量和水平的根本任务。无论是增加农民收入，还是适应消费者变化了的多元化农产品消费需求，都与解决农产品的质量安全问题密切相关。因此，进一步深化农业供给侧结构性改革，应以提高农产品质量安全水平为突破口。

第一，不失时机地把进一步提高农产品质量安全水平作为供给侧结构性改革的主要抓手。

近些年来，特别是中共十八大以来，随着农业供给侧结构性改革的深入推进，在区域布局和种养结构调整上取得较好成效。在此基础上，如何深入推进农业供给侧结构性改革，到了应该进一步在提升农产品质量上下功夫的时候。只有大力提高农产品的质量安全水平，才能提高农业比较效益，拓宽国内外市场，满足消费者变化了的消费需求。抓住了农产品质量安全水平这个“牛鼻子”，就抓住了深入推进供给侧结构性改革的主线条，就可以实现农业转型升级和促进农民增收的根本目标。建议 2018 年农业供给侧结构性改革，应坚持区域布局、品种结构调整与农产品质量提升并重，以提高农产品质量为重点，以提高农业效益为中心，加快农业走进质量时代的步伐。

第二，在坚决控制农业资源污染的源头上下真功夫。

农业资源污染是影响农产品质量安全的源头。因此，必须采取有效措施，坚决防控和治理农业资源污染问题。要把中共十九大报告提出的“像对待生命一样对待生态环境”的重大理念，贯穿于农业资源保护的全过程。要像保护生命一样保护农业资源，要像注重寿命一样注重农产品质量安全。建议开展健康土壤工程、健康水源工程。一是坚决查清和治理工业“三废”对土壤和水源的污染源头。按农业区域布局和灌溉流域，逐一查清污染企业和单位，列出黑名单。二是在全国开展一次土壤和水源健康状况普查，对土壤和水源污染状况作出诊断，制订治理土壤和水源污染、促进土壤和水源健康的规划和措施。三是开展大规模、高标准、常态化的土壤、水源修复治理和质量提升工程，尽快解决影响土壤和水源健康的重大问题，采取有效措施提升土壤和水源质量标准。四是开展全局性、广泛性和长期性的土壤和水源质量标准跟踪监测，建立严格的土壤、水源质量变化动态监测检验机制，及时发现污染隐患和问题。五是重拳打击对我国土壤、水源，特别是耕地、基本农田和重要农业水源地造成重大污染和损失的行为，依法保护我国农业资源。

第三，进一步加大农业生产化学投入品的减量减投力度。

尽快制定严格减少化肥、农药、除草剂、农膜等各类化学投入品的制度规定，列出减少或退出时间表，限期完成任务。农业部门已制定化肥、农药到2020年的施用增长量为零的行动计划，应加快推进实施，争取提前实现。应对农药生产企业开展一次大检查，对生产和销售有毒、有害农药的要实行一律关停，严厉打击售卖高毒、剧毒农药的不法商贩。严格规范饲料添加剂，严厉打击滥用限用或禁用添加剂的行为。

第四，大力扶持和发展特色优质品牌农产品。

用政策引导和促进特色优质品牌农产品发展，调动农业经营者提高农产品质量安全水平的积极性。一是大力开展农产品品牌创建，支持特色优势农产品示范区建设，培育和创建一批区域品牌、特色品牌、绿色品牌。二是制定应用优质、安全、绿色农业投入品的政策和措施，鼓励生产者发展绿色生产，提高农产品质量和品质。三是培育优质、特色、品牌农产品生产基地，支持品牌农产品专业合作社、家庭农场、股份合作组织和产业化龙头企业等新型农业经营主体发展壮大。四是建立优质、特色、品牌农产品产加销一条龙，做到优质优收、优质优价、优质优销。

第五，大力推进农业生产资料生产销售转型升级。

深入开展农业生产资料供给侧结构性改革。目前，传统、落后的农业生产资料生产技术和工业体系已经远不适应提高农产品质量安全水平的需要，农业生产资料供给侧必须深化改革、淘汰落后、转型升级。一是要加快淘汰落后的农业生产资料产能，坚决淘汰和禁用高污染、高释放、高残留的农业投入品。二是开展农业生产资料行业清理整顿工作，该淘汰的淘汰、该关停的关停、该压缩的压缩，解决生产资料行业主体多、乱、小、散的问题。三是严格生产资料和生产企业市场准入，制定完善的监管机制和措施，严格生产资料行业生产经营和规范运行。四是加大执法力度，对化肥、农药、饲料、添加剂等假冒伪劣产品和经营企业，要严厉打击，毫不手软，加大处罚力度。

第六，加大产品质量法和农产品质量安全法贯彻实施力度。

认真贯彻习近平主席关于质量安全“四个最严”的重要指示，贯彻落实农产品质量安全法和产品质量法等有关法律法规。进一步理顺农产品质量安全执法机制，明确牵头和责任部门，增强分工合作，形成执法合力，严明执法责任，共同坚决打击农产品质量违法行为。应根据当前农产品质量存在的突出问题，适应消费者变化了的消费需求和诉求，进一步制定完善农产品质量安全法实施细则，做到有法可依、违法必究、执法必严。

第七，进一步加强农产品质量安全监督监测检测体系建设。

一是针对农业结构和农产品生产缺乏标准约束和规范的实际，

应加强标准制定和修订，逐步制定品种齐全、格式统一、功能完备的农产品质量标准体系，促进农产品质量安全标准精细化、系统化、专业化、规范化。二是制定规范统一的农产品质量安全标准评价体系，发挥第三方监督监测检测的评价作用。三是进一步强化农产品质量监督监管机构建设，建立产前、产中、产后相结合的监督监管机制，重点解决农产品监督监管最后一公里问题。四是加强农产品质量安全检测基础设施建设，配备操作便捷、科学可靠的检测装备和设备，解决一些检测机构检测手段传统落后的突出问题。五是加强农产品质量安全监督监管队伍建设，培养一支技术过硬、忠于职守、懂法执法的监管队伍。

畜禽粪污处理利用的做法与建议

李金祥

一、畜禽粪污处理利用的紧迫性

大力推进畜禽粪污处理及资源化，是落实党中央、国务院战略部署的重要举措。对于确保畜产品数量和质量安全、化解资源环境压力、加快农业供给侧结构性改革，意义巨大、任务紧迫。

当前，我国正处在加快农业供给侧结构性改革的关键时期，迫切需要优化农业产业结构，尤其是种养结构。发达国家畜牧业GDP一般占农业GDP比重都在50%以上，其中，英国为60%，澳大利亚为80%，而我国2015年仅为27.8%，还有很大的发展空间。但由于畜禽粪污无害化处理问题尚未完全解决，再加上资源化利用不够充分等问题，畜牧业发展受到严重制约。我国畜禽养殖每年产生粪污38亿吨，折合氮1 423万吨、磷246万吨，而目前综合利用率不足60%，导致了严重的农业面源污染。据行业统计，2014年规模畜禽养殖化学需氧量、氨氮排放量分别为1 049万吨、58万吨，占当年全国总排放量的45%、25%，占农业源排污总量的95%、76%。畜禽养殖废弃物具有明显的两面性，如果无害化处理及资源化利用不妥，就是严重的环境污染源，如果利用得当，就是宝贵的自然资源。做好畜禽粪污处理与利用工作，既可以实现零污染、零排放，促进农业全产业链清洁生产，也可以实现废弃物的资源化，促进有机肥对化肥的有效替代，做到“变污为净”“变废为宝”，有效促进种养结合、减轻养殖环保压力，实现物质与能量在动植物生产过程中的循环利用，保障畜产品数量安全，同时能够有效控制或消灭畜禽废弃物中的病毒、细菌、微生物，净化传染源，保障畜产品质量安全。

二、河北安平“链融体”模式的做法成效

裕丰京安集团1994年创立于河北省安平县，历经20多年的发展，从一个年出栏3 000头的养猪场，发展成为以养殖为主、多业融合的集团企业。裕丰京安集团现有员工2 000余人，总资产16亿元，年产值30亿元，是“农业产业化国家重点龙头企业”“国家生猪核心育种场”。集团立足生猪养殖产业，不断向上下游延长产业链条，形成了种植、饲料、养殖、屠宰、能源环保五大产业相互融合的有机体，即“链融体”模式。“链融体”内部风险共担、成果共享，取得了“三增三减”（增加沼气、电力、有机肥供应，减少养殖、农林、化学污染排放）的显著成效，打造了整个县域解决农业废弃物污染的典型案例。

（一）做法

1. 立足养殖基础，延长产业链条。该集团立足生猪养殖基础，不断向上下游延伸产业链条。一是强化主导产业，形成河北省最大的瘦肉猪品种选育和扩繁基地。养殖板块涵盖1个种公猪站、8个母猪繁育场、1个年猪养殖场、8个商品猪育肥场，年可生产种猪8万头、出栏商品猪26万头。二是向上游延伸，形成饲料板块和种植板块。饲料板块年产生猪饲料35万吨，公司配备1个可一次性满足10万亩粮食储备的5万吨仓储库。种植板块已托管土地1.5万亩，拥有农机128台，配套设备270套。三是向下游延伸，形成屠宰板块和能源板块。屠宰板块年屠宰能力100万头。能源环保板块涵盖1个污水处理厂、1个处理20万头生猪粪污的2兆瓦沼气发电厂、1个年发电能力4.8亿千瓦时的在建热电联产项目、1个年产22万吨有机肥厂。

2. 促进产业融合，共享发展成果。通过推动由单一养殖向种养结合转变、由种养结合向二、三产业转变，延长了生猪养殖产业链，构建了生猪产品供应链，形成了生猪产业价值链，使作物种植者、生猪养殖者、饲料与肉类加工者、能源生产者成为一个利益整体。有效解决了畜牧养殖所引起的正的和负的外部效应问题，推动有关市场主体共享全产业链条各环节所带来的平均利润。一是推动种养结合。大力推广种养结合的“8020”模式，以 100 亩为 1 个生产单元；其中，20 亩用于生猪养殖场建设，80 亩用于特色种植，猪粪发酵还田，促进种植业增产增效。二是推动机制创新。成立养殖合作社和农机合作社，合作社成员每头猪增收 70 元，每亩地节约生产成本 80 元，带动 6 500 农民就业，预计 2017 年农民人均可支配收入比 2016 年增加 17 000 元，增长 131.1%。三是推动产业融合。依托养猪产业，前拓后延而形成的种植、饲料、养殖、屠宰、能源环保五大产业，既相互独立、自我发展，又不断交叉、相互渗透，深度融合成为了一个有机体即“链融体”。

3. 突出资源化核心，实现循环发展。通过创新“链融体”农业废弃物治理模式，实现了农业清洁生产、绿色发展，形成了良好的循环经济，并通过以下 3 项技术路线，实现年产值 5.47 亿元，利税约 0.82 亿元。其中，一是畜禽废弃物资源化。沼气发电厂采用低浓度有机废水高效厌氧发酵技术，同时对生物天然气提纯，发展成为我国北方第一家利用畜禽粪污并网发电的沼气发电企业。企业对安平县养殖粪污进行协议收购，粪污浓度大于 8%的，每吨 50～80元；粪污浓度为 3%～8%的，免费使用；粪污浓度小于 3%的，收取养殖方每吨 20 元的治污费。二是农林废弃物能源化。生物质热电厂采用热电联产技术，通过“公司＋合作社”模式，建立 50 家秸秆供应合作社和 50 家收购点。带动 5 000 户农民参与，安平县秸秆综合利用率达到 98%以上。三是污水处理、中水利用。污水处理厂采用微生物回流技术，利用 PPP 模式，日

处理污水 5 万吨，养殖场和城镇生活污水处理后达到国家一级 A 类处理标准。

（二）成效

裕丰京安集团对农业废弃物资源化利用进行了多年探索与实践，项目建成后，年产沼气、电、生物天然气是公司自身能源需求量的 32.42 倍，无论在经济、社会和生态效益等方面都取得重大成绩。

1. 增加沼气供应，减少养殖污染排放。以畜禽粪便为主要原料的沼气项目，年消纳粪污 85 万吨，涉及 802 养殖场户、81.3 万头生猪，实现了安平县域内粪污全部资源化利用。年产沼气 1 800 余万立方米，可就近解决 3 万户 10 万人的生活用能，占安平县农村人口的 50%。年减排化学需氧量（COD）11 万吨、氨氮 0.6 万吨，可替代标准煤 1.3 万吨。

2. 增加电力供应，减少农林污染排放。以秸秆为主要原料的热电联产项目投产后，年消化秸秆 42.7 万吨，秸秆收购半径 50 千米，不仅吸纳了安平县全部秸秆 42 万亩，而且收购周边深州、安国、深泽等 7 县 10 万亩农作物秸秆，实现了县域农业废弃物资源化利用。年发电 4.8 亿度，供热能力 110 万兆焦，满足 3 万户居民用电，占全县城镇人口的 87.5%；满足 2.5 万户居民冬季采暖，占城镇人口的 73%。年减少二氧化碳排放约 52 万吨，相当于新增 35 万公顷森林或减少 26 万辆汽车尾气排放。

3. 增加有机肥供应，减少化学污染排放。以沼渣、沼液为主要原料的有机肥加工项目，生产了六大系列、23 个品种的有机肥，年产固态有机肥 2 万吨、液态有机肥 20 万吨，替代了安平县 7.5 万吨化肥使用量，满足了 30 万亩农作物的有机肥需求，占安平县土地的 63%。年减排化学需氧量 5 219.5 吨、氨氮 534.85 吨。

三、几点经验

（一）政府引导、财政扶持是当前推动粪污处理利用的必要条件

治理畜禽粪污及农林废弃物污染，具有公共物品属性，政府投入是应尽责任。裕丰京安集团的成功经验表明，政府扶持是实现畜禽及农林废弃物处理利用健康发展的重要保障。从调研数据来看，沼气发电与热电联产每度电的成本为 0.75 元，而居民用电每度电收费 0.35 元，现政府补贴每度电 0.60 元，由此，每生产 1 度电可以盈利 0.20 元。如果没有政府补贴，发电项目将难以为继。

（二）企业主体、市场化运作是当前推动粪污处理利用的内在要求

“链融体”模式之所以取得成功，就是始终坚持“政府支持、企业主体、市场化运作”原则，推动养殖、种植、加工、能源工程多个产业链条的有机融合，使原来相互分割的产业环节，成为一个风险共担、利益共享的市场主体，使外部问题内部化，减少科斯交易成本，提高了交易效率。在“链融体”模式中，我们可以看到畜牧养殖是基础，畜禽粪污及农林废弃物资源化是核心、是“牛鼻子”。只有紧紧抓住这个“牛鼻子”，才能盘活“循环发展”这盘棋。

（三）延长产业链条、促进产业融合是推动粪污处理利用的关键措施

“链融体”模式的核心是“链条延伸和产业融合”，就是在政府的支持下，做大做强养猪产业，坚持企业主体、市场化运作方式，以养猪产业为基础，并将养殖产业链条向治污、减排、环保等产业延伸，形成了五大板块。而五大板块产业不断融合、相互促进。目

前，各地正在大力推动畜禽粪污处理与利用工作，应立足现有的大型养殖企业，把产业发展和环境保护有机结合，抓住“链条延伸”突破口，不但治理企业自身产生的污染，而且着眼于治理县域及周边农业废弃物，鼓励有条件的地方根据县域内畜禽粪污排放、农作物秸秆产量、产业发展需求导向等因素，兴办或新建中大型沼气工程、生物天然气工程、有机肥工程等项目，推动清洁生产和绿色发展。

（四）“链融体”是粪污处理利用的有效模式，要因地制宜推广应用

调研表明，“链融体”模式是当前行之有效的模式。但是，任何经济模式都有其产生和发展的条件，不能生搬硬套、搞“一刀切”。要借鉴“链融体”模式基本内核，因地制宜地探索畜禽粪污处理利用的新技术、新方法和新模式。

四、对“链融体”模式建议

实践证明，“链融体”模式对解决畜禽粪污处理和资源化利用等问题效果明显，并有效促进农民增收，得到了地方政府和群众欢迎，建议有关部门在总结经验基础上，重点依托有条件的畜禽养殖龙头企业，制定相关扶持政策，加大财政投入和科学技术支撑力度，因地制宜地进行推广。

发展土地股份合作与“三产”融合是保障粮食安全和粮农增收的有效途径

孙东升　孔凡丕　钱静斐

保障粮食安全、实现农民增收是发展现代农业的两项主要任务。2004年以来，我国粮食产量实现了“十二连增”，粮食总量基本平衡，守住了“谷物基本自给、口粮绝对安全”的底线，但目前由于种粮比较效益低等问题，粮食安全的风险依然没有根本解决。据统计，在不考虑承包土地和人工费用的条件下，2016年农民种植水稻略有盈余，种植小麦收支基本平衡，种植玉米和大豆收不抵支，农户种粮积极性不高。

中国农业科学院农业经济与政策顾问团委派我们赴黑龙江省和四川省对农户土地经营权入股合作社发展粮食生产情况进行调研。调研表明，通过发展土地股份合作社，一、二、三产业融合发展，延长产业链，这种做法对粮食主产区增加粮食产量、促进粮农增收具有重要意义。

一、农村土地股份合作社的做法与成效

黑龙江省和四川省都是我国重要的粮食主产区，黑龙江省人少地多，四川省人多地少，两省都在通过实施土地股份合作制与一、二、三产业融合发展，探索发展粮食生产、增加粮农收入的路子，实践证明效果是明显的。

（一）黑龙江省主要做法与成效

1. 依托农机合作社开展土地股份合作经营。黑龙江省以现代农机合作社为主体，鼓励农户以土地折股入社的方式发展土地股份合作，粮食生产实现了机械化作业、规模化种植、品牌化经营。克山县仁发农机合作社就是其中的典型，该合作社采取土地经营权按地/折资入股的方式，打破一家一户的土地零散格局，鼓励农户带地入社，把农户承包土地集中连片，实行机械化作业、规模化经营，实现了粮食产量提高、品质提升、效益增加的多重效果，目前，入社成员 1 014 户，统一经营耕地超过 4 000 公顷。五常市王家屯合作社组织农民带地入社，逐步扩大合作社经营规模，从最初的几十户发展到 2 786 户，经营水田 9 773.33 公顷，为规模化经营、机械化作业奠定了基础。

2. 发挥合作社规模效应，降低粮食生产成本。随着土地经营规模扩大，合作社的规模效益逐渐凸显。黑龙江省仁发农机合作社理事长给我们算了一笔账：农民到市场购买玉米种子需要支付 44 元/千克，合作社直购种子只需 30 元/千克，农户到市场购买复合肥价为 2 600～2 800 元/吨，合作社到厂家直购价只需 1 800～2 300元/吨，而且这些生产资料一般都在秋收后才与企业结算；在销售粮食时，散户玉米最多卖到 1.44 元/千克，合作社由于标准化生产、产品质量好，能卖到 1.6 元/千克。合计下来，合作社 1 千克玉米比农户增加 0.2 元效益。

3. 合理分配收益，保障农民利益。农民土地入股合作社多采取“保底收益和二次分红”的分配方式，保底收益为农户提供获得正常收入的“保险带”，二次分红是根据入社成员投资比例秋后分红。对于国家补贴资金，普遍采取平均量化到户或按比例量化到户的方式。2016 年，五常市王家屯合作社社员分红达 24 059.85元/公顷，其中，土地保底金 18 000 元/公顷、二次分红 4 998.45 元/公顷、国家补贴资金所产生的盈余平均到每个社员为 1 061.4 元/公顷，入社的农民比不入社的农民每公顷均多收 6 000 元以上。

4. 积极拓展二、三产业，促进农民增收。调研表明，黑龙江省土地股份合作社大多已由单纯生产型向生产、加工、销售综合型转变，积极拓展二、三产业。克山县仁发合作社在农业种植基础上，拓展了马铃薯种薯繁育、玉米深加工、打造“仁发绿色庄园”系列农产品绿色有机食品品牌，走上生产、经营、加工三位一体的可持续发展路子。2013 年，每公顷效益 13 500 多元，2016 年尽管旱情严重每公顷效益仍达 9 000 多元，比当地未入社农户多出一倍。

黑龙江五常峰岭合作社由 3 个村支部书记带头建立，面对种粮比较效益不高的难题，积极进行种植结构调整和农产品深加工。2016 年，改种青贮玉米和大豆，仅青贮玉米一项比常规玉米增收 3 000元/公顷。为延长产业链，又兴建“笨榨豆油”生产线，并注册“老支部书记”品牌上市销售，当年增收 70 余万元，每公顷大豆增收 5 250 元。

（二）四川省的主要做法与成效

1. 探索构建农业共营制。四川省人多地少，土地碎化、农业兼业化、劳动力弱质化等问题突出，崇州市围绕解决这些问题，探索构建“土地股份合作社＋农业职业经理人＋农业综合服务”三位一体的“农业共营制”，并在“农业共营制”的基础上，探索实践“折股经营”“入股经营”“合作经营”与二、三产业融合发展模式。目前，崇州市发展土地股份合作社 246 个，入社面积 2.11 万公顷，占全市耕地面积的61%。全市共培养职业经理人 1 883 人，推进职业经理人种田，构建了“农业职业经理人＋职业农民”专业化生产经营团队。在解决“谁来经营”“谁来种地”等问题的同时，当地政府积极整合农资经销、农技服务、植保、粮食烘储、育秧、加工营销等社会化服务组织，实现一、二、三产业融合，同时引入社会

资金参与，搭建了“一站式”社会化服务超市，实现农业生产“一条龙”服务。

2. 发挥合作社优势，实现粮食增产增效。崇州市加入合作社的农户每公顷种粮净收益达到12 300元，比普通农户多200多元。五星村农民人均耕地只有0.056公顷，为解决地块碎小的难题，2012年由44户村民将12.67公顷承包地入股成立五星土地股份合作社。到2014年，入社农户达582户，入社面积160.87公顷，优质水稻种植和经营实现了规模化、机械化、标准化、品牌化，全村粮食规模经营率达90%。合作社通过实行种子、肥料、农药“三统购”和机耕、机插、机防、机收、管理服务“五统一”，每公顷可减少投入900元；建成智能化育秧温室设施，不仅满足了优质秧苗需求，还节省了育秧用地2公顷。

3. 提高农户土地经营效益，解决农民务工后顾之忧。组织农民将经营权入股合作社，把农业劳动力从土地上解放出来，一部分在合作社就业，一部分自谋职业或外出务工。2016年，崇州市农村居民人均可支配收入达17 896元，比全国平均水平高出45%。四川省崇州五星合作社社员王怀俊对入社的0.42公顷地算了一笔账：原来种一年地收入不到2 900元，入社后分红4 730元，同样的0.42公顷地，入社后多收入1 830元；同时，承包田入社，可以放心外出打工，每月收入3 000元，全年10个月在外打工收入30 000元。

4. 创新现代农业经营机制，引领农村一、二、三产业融合发展。在组建土地股份合作社基础上，崇州市还探索了龙头企业以技术、资金等要素入股组建土地股份合作社的模式，推动了土地、技术、资金要素整合，形成粮油规模种植、稻鱼立体种养、生猪种养循环、粮油烘储加工、产品电商营销、休闲观光农业“全产业链”发展，形成了一、二、三产业融合发展。2016年，崇州市“土地经营权+产业化企业”经营每公顷土地在保底收入9 750元的基础上，二次分红4 500元，比土地股份合作社经营高出2 250元，比农户家庭经营高4 500元。

二、发展土地股份合作社存在问题

从黑龙江和四川两省的创新实践看，发展土地股份合作社是实现粮食增产、粮农增收的一条有效途径，对我国粮食主产区发展粮食生产具有借鉴意义，但也存在一些问题，需要深入研究。

（一）土地股份合作社运行管理机制尚不完善

专业合作社法规定，合作社法人资格登记注册为“非企业法人”，并承担有限责任，一旦出现债务清偿，合作社成员用于出资的土地承包经营权则被强制转让给他人，有可能变成对农民土地的剥夺。当出现成员退社、合作社破产、入股土地被征用等情况时，牵扯到土地承包经营权难以处置问题。

（二）农业金融信贷支持力度不足

目前，有关法律明确规定，耕地、宅基地、自留地等集体所有土地试用期不得抵押，抵押融资主要是靠政府担保、财政兜底，在一定程度上限制了贷款业务的开展。“三权分置”后，以承包地经营权向金融机构抵押融资，由于农业经营风险较大，金融机构介入的积极性不高。

（三）合作社发展缺乏能人带领

土地股份合作社规模越大，对经营管理的要求就越高。合作社的理事长不仅需要懂管理、善经营，还要有奉献意识和服务精神。由于乡村缺乏这样的“能人”，在一定程度上制约了合作社的发展。

三、政策建议

（一）加大对土地股份合作社的政策扶持与金融支持

土地股份合作社做大做强的经营资金需求量较大，单靠合作社

和社员无法满足生产经营需求。建议针对土地股份合作社的发展需求和融资特点，应创新金融服务产品，解决合作社融资难的瓶颈问题。同时，要进一步加大对合作社政策扶持力度，完善法律、财政、税收等方面的支持。

（二）开展农业人才培训，鼓励大学生返乡创业

选好配强经营管理人才是合作社健康发展的关键。合作社的发展离不开好的带头人，也需要技术人员、财会管理人员、农机手等人才。建议针对合作社发展急需，由政府开展农村实用人才培育培训，出台政策鼓励大学生到合作社任职，大力推广农业职业经理人制度，形成“理事会＋农业职业经理人＋监事会”运行机制，并对优秀的农业职业经理人给予技术职称评定、社保缴纳、落户、购房等多方面的政策支持。

（三）总结成功经验，扩大试点范围

建议有关部门在总结黑龙江省、四川省经验的基础上，不断完善，因地制宜进行试点推广。

新形势下深化两岸农业合作的对策建议

赵一夫　周向阳

一、两岸农业合作发展历程及成效

自 20 世纪 80 年代初，台湾农民和农业企业开始零星进入大陆投资创业，20 世纪 90 年代两岸农产品贸易开始起步，并推动两岸经贸关系逐渐恢复发展，致使农业领域成为两岸交流与合作成效最显著的领域之一。据台湾方面统计，1992 年之前经由台湾“经济部投资审议委员会”（“投审会”）核准的赴大陆投资项目中涉农项目合计仅有 46 项，投资金额也只有 6 500 万美元左右。1992 年，两岸达成“九二共识”，为推动两岸经贸协商奠定了扎实的政治基础。仅 1993 年，经“投审会”核准的赴大陆投资项目中，农林牧渔业及食品加工项目就达到近 1 000 项，金额超过 3.5 亿美元。1994 年以后，虽然台湾当局在两岸关系上开始采取“戒急用忍”策略，使两岸经贸交流一度受到冲击，但在大陆对台经贸合作政策的积极推动下，来大陆投资的台资农业项目和台湾对大陆的农产品出口规模仍保持稳定增长态势。1998—2000 年，由于受到亚洲金融危机的冲击，两岸农业经贸合作出现短暂下滑，但在 2001 年和 2002 年两岸先后加入世贸组织以后，随着两岸开放程度的进一步提高以及国际经济环境的改善，两岸农业经贸交流与合作再一次呈现显著增长态势。2005 年以后，大陆积极促成国共两党和“两会”（海峡两岸关系协会和海峡交流基金会）合作平台建立，两岸经贸合作进一步朝向制度化、规范化方向发展。

2008 年以来，两岸不仅实现了全面“三通”，还签署了包括

"海峡两岸经济合作框架协议"（ECFA）在内的23项合作协议，为持久推动两岸经贸合作奠定了扎实基础。此后8年，两岸关系进入和平发展的最好时期，农业领域的合作交流在此进程中发挥了积极推动作用。在农产贸易方面，大陆不断扩大对台湾的进口优惠，先后开放50余种农渔产品零关税进口。2013年以后，大陆超过日本成为台湾最大的农产品出口市场，出口金额占到台湾农产品出口总额的20%左右。在农业投资方面，大陆先后在17个省（直辖市）建立9个海峡两岸农业合作试验区和29个台湾农民创业园，为台湾农业企业和农民创造了良好的投资服务环境。目前，大陆已是台湾最主要的岛外农业投资集聚地。两岸农业交流与合作关系日趋紧密，在"联系基层、融合民心"方面的作用不断加强。

二、新形势下深化两岸农业合作面临的难点问题与发展契机

2016年，民进党取得台湾地方领导权后，拒不承认"九二共识"，致使两岸关系发展失去共同政治基础，经贸合作的制度化进程陷入停滞，农业领域的合作交流也受到严重影响。据台湾相关部门统计，2016年，台湾农渔产品出口大陆金额与上年相比下降了9.2%，尤其在民进党执政后的下半年降幅明显，达到15.3%。与此同时，台湾新任当局极力推行"新南向政策"，并阻挠两岸已签订经贸协议的落实，使两岸经贸交流包括农业产业合作严重受挫。

农业交流与合作在两岸关系发展中一直发挥着重要的基础性作用，涉及面广、政治敏感度高，推进过程中遇到的问题也相对较为复杂，既有普遍性、长期性问题，也有特殊性、阶段性问题。

第一，大陆惠台农业政策大多为普惠性质，并未根据政治倾向对岛内特定地区或组织采取针对性的优惠政策，如此不仅政策执行成本高，政治影响力也相对较弱，如何强化政策实施效果是新形势下进一步深化两岸农业合作面对的突出问题。

第二，长期以来，两岸农业合作始终以政策推动为主导，发展进程易受两岸政治关系尤其是台湾政局变动的影响，如何推动建立市场化、常态化合作机制也是深化两岸农业合作的重点和难点问题。

第三，两岸农业合作中存在一些长期性、普遍性的发展难题，如台湾农产品销售难、台资农业企业融资难等问题，随着两岸合作程度的加深越来越凸显，甚至成为深化合作、共赢发展的瓶颈问题，如何在这些方面取得创新和突破，同样是新形势下深化两岸农业合作所要面对和解决的难点问题。

20 世纪 80 年代以来，两岸关系发展历程表明，往往政治关系紧张的困难时期，也是农业交流与合作发挥积极作用的重要时期。20 世纪 80 年代，台湾当局对两岸经贸交流及人员往来采取严格政策管制期间，农业交流与合作成为两岸经贸关系恢复发展的排头兵。2000 年，民进党取得台湾地方领导权后，两岸关系陷入冰点，农业领域的合作再次成为“破冰”的中坚力量。因此，从两岸关系发展的大视角出发，在新形势下进一步深化两岸农业合作，既要清楚认识发展中的困难和问题，更要在不利局面中挖掘和探索有利契机，促进两岸经贸和政治关系朝向更紧密方向持续发展。

同时，从两岸农业合作进程内部观察，也存在进一步深化的发展契机。长期以来，两岸农业合作一直以大陆对台政策让利为主，尤其近年来随着合作程度加深，台湾基层受益面不断扩大。当前两岸农业合作受阻，首当其冲受到利益损害的是台湾基层农民，引发对台湾当局两岸政策的强烈不满。2016 年 9 月，台南虱目鱼养殖协会的农渔民集会在市政中心前焚烧民进党党证，表达抗议。在新时期、新形势下，台湾社会基层渴望通过两岸合作提升民生福祉的诉求，为进一步深化合作提供了契机。

三、新形势下深化两岸农业合作的对策建议

从两岸关系和平发展的大局出发，新形势下进一步深化两岸农

业合作，需要准确把握当前的机遇和挑战，重点针对合作中的难点问题以及台商、台农热切关心的突出问题，精准施策、定向发力，强化惠台农业政策的实施效果。

1. 构筑民心基础的同时着力促进产业融合，双措并举深化两岸农业合作。继续实施惠顾台湾农民的两岸农业合作政策，扩大开放台湾农产品进口及关税优惠，加大对台湾农民在大陆创业发展的政策支持，增强台湾基层民众对祖国大陆的认同感和归属感，持续构筑两岸和平统一的民心基础。与此同时，将促进产业融合作为新时期深化两岸农业合作的重点任务，加大政策推动和引导力度，包括扩大对台农业投资的领域和规模；推动两岸农业产业链分工；鼓励和支持两岸农业企业进行合资、合作经营；鼓励和吸引台资农业企业积极参与祖国大陆倡导的“一带一路”发展战略。

2. 明确强调两岸农业合作的政治基础，定向实施惠台农业政策。新形势下，推动两岸农业合作应突出强调两岸同属一中的政治基础，惠台政策明确向认同“九二共识”的地区和农民组织倾斜，强化政策的精准性和导向性。具体实施中，建议加大定向惠台农产品贸易政策的实施力度，重点与认同“九二共识”的地区和组织开展产销对接，扩大订单采购的品种范围和规模，通过差别化待遇提升台湾基层民众对祖国大陆政策让利的获得感。

3. 创新机制解决大陆台资农业发展难题，强化政策宣示作用。针对台资农业在大陆发展过程中反映较为普遍的长期性、瓶颈性问题，通过机制创新试点解决，并对成功模式加强宣传和推广，强化大陆对台农业合作的政策宣示作用。

对于融资难问题，推动建立政府与社会联动机制，形成多渠道解决方案。首先，建议由国台办协同国家财政部和农业部，以及中国农业发展银行等政策性金融机构，发起设立“两岸农业合作发展基金”，发挥财政资金的政策导向作用，广泛吸引社会资本和行业团队参与目标企业的投资管理，促进涉农台资企业做大做强。其次，鼓励并支持优秀的台资涉农企业在大陆和香港资本市场上市，通过树立标杆企业对两岸农业合作形成积极的影响和带动；再次，建议国有大型涉农企业积极参与两岸农业合作，与台资中小农业企业建立产业链金融合作模式，通过大手拉小手的方式解决其融资发展的瓶颈问题，最终实现互利双赢、共同发展的目的。

对于销售难问题，发挥大陆电商平台发展优势，建立产销互动联结，形成市场化、机制化解决路径。首先，建议由大陆对台农业主管部门及地方政府牵头组织，由电商企业采取市场化运作方式，与台湾农产品优势产区建立“订单生产＋市场化营销”的产销联结机制，促进台湾农产品对大陆市场的稳定拓展；其次，支持优质电商平台企业与大陆台资农业企业对接，通过产销互动联结，对上游形成优质化、品牌化生产倒逼机制，对下游通过大数据支持形成准确市场定位，有效推进台资农业企业产品销售。

4. 强化台湾农民创业园服务平台建设，打造两岸农业合作品牌窗口。完善台湾农民创业园平台服务功能是强化大陆对台农业合作服务体系建设的重要抓手，建议在大陆现有的29个台湾农民创业园中，根据基础优势和发展潜力选择部分园区先行先试，借鉴台湾农会服务体系的做法和经验，试点实施供销、信用、推广和保险等业务功能，打造两岸农业合作服务品牌窗口。同时，充分发挥台湾农民创业园的创业平台功能，拓展服务对象，鼓励和支持台湾农民创业园设立台湾青年农民创业孵化专区，吸引台湾青年进入园区创新、创业，促进两岸生产要素的持续深度融合。

二、顾问团专家论文

大力培育和发展农村新产业新业态新模式

陈晓华

中共十九大提出实施乡村振兴战略，强调坚持农业农村优先发展，按照“产业兴旺、生态宜居、乡风文明、治理有效、生活富裕”的总要求，建立健全城乡融合发展体制机制和政策体系，加快推进农业农村现代化。实施乡村振兴战略，是解决人民日益增长的美好生活需要和不平衡不充分的发展之间的矛盾的必然要。2018年元旦前召开的中央农村工作会议，深入贯彻中共十九大精神和习近平新时代中国特色社会主义思想，深刻阐述了实施乡村振兴战略的若干重大问题，明确提出了实施乡村振兴战略“三步走”的时间表、阶段性目标任务和基本原则，为坚持走中国特色社会主义乡村振兴道路、做好新时代“三农”工作提供了行动指南，我们要认真学习领会、深入贯彻落实。

乡村振兴，产业兴旺是重点。实现产业兴旺，除要加快促进传统产业转型升级外，更要大力培育和发展新产业、新业态、新模式。

一、农村新产业、新业态、新模式蓬勃发展，已成为农业农村经济新时代的重要特征

新产业、新业态、新模式是相对于传统产业、传统业态、传统模式而言的。新产业是过去没有的产业门类，新业态是过去没有的产业型态，新模式是过去没有的要素配置方式和产业配置方式。新

产业、新业态、新模式的发展必然是一个绵延不断的过程。由于理念的创新和技术的进步，总会有新的产业、业态和模式发育成长，同时也会有不少逐步演变为传统的产业、业态和模式。

当前，农业农村经济已进入高质量发展的新时代，需要有新的动能来推动。农村新产业、新业态、新模式蓬勃发展，极大地开拓了传统农业的发展空间，正在消除城乡之间和一、二、三产业之间的隔阂和界线，彻底改变着农村资源要素的配置方式和配置效率，给农业农村发展注入了新的生机和活力。

一是乡村旅游休闲蓬勃兴起。2016 年，全国休闲农业和乡村旅游示范县（市、区）达到 328 个，美丽休闲乡村达到 410 个；全国开展旅游接待的村庄占到全部村庄的 4.9%，比 2012 年提高 2.7 个百分点；年接待游客超过 21 亿人次，差不多占到了当年国内旅游总人次的半壁江山（47.3%）；营业收入超过 5 700 亿元，占到当年国内旅游收入的 14.5%；从业人员达到 850 万人，带动 672 万户农民从中受益。

二是农村电商发展进入“快车道”。2016 年，全国超过 1/4 的村已有电子商务配送站点，规模农业经营户和农业经营单位通过电子商务销售农产品，网络零售交易总额达到 2 200 亿元，在助力扶贫攻坚、引导外出务工青年返乡创业创新等方面发挥了重要作用。

三是高效特色农产品加工业加速发展。2016 年，全国共有 350 多万个规模农业经营户和 204 万个农业经营单位。其中，从事设施农业的分别有 48.6 万户和 13.1 万个；从事循环农业生产的分别有 12.6 万户和 7.2 万个；从事工厂化生产的分别有 1.8 万户和 2.5 万个。2016 年，全国农产品加工业产值与农业产值之比已达到 2.2∶1，比 2012 年的 1.9∶1 有了明显提高。

四是各类产业、业态、模式加速融合成为新趋势。近年来，各地根据自身资源条件和产业特点，从多个层面拓展产业空间、创新产业形态、探索各具特色的融合发展模式。既有以生态农业为底色的传统型融合，立足农业优势资源，充分利用动植物生长生活互补

的相关特性，推动种养结合，形成农业内部紧密协作、循环发展的生产经营模式；也有以现代元素为载体的创新型融合，应用电子商务、物联网等现代技术手段，减少农产品流通的中间环节和交易成本，催生了私人定制、会展农业、农业众筹、共享农庄等全新的产业领域和产业型态；还有以产业园、科技园、创业园、“田园综合体”等为平台的复合型融合，在一定的地域范围内，聚合各种资源要素，进行全方位、多层次、立体式开发，打造集农业生产、休闲观光、文化传承、健康养生于一体、生产生活生态有机结合的乡村振兴载体。

我在海南调研，那里共享农庄的做法，给人留下深刻印象。一是共享农庄通过互联网、物联网等技术，以及可视化生产和现代物流等手段，让广大消费者足不出户就能体验到乡村特有的农耕文化，享受到田园优质的生态资源。二是共享农庄通过企业和合作社投资、农民深度参与、多方共赢等共享经济商业模式，让农民变成股民、农房变成客房、农产品现货变成期货、消费者变成投资者，全面提升广大小农户在现代农业发展中的参与感、获得感、幸福感。我在广西玉林“五彩田园”也看到，“有边界、无围墙”的五彩田园，不仅实现了城市与乡村、农业与工业、传统与现代、生产与生活的完美融合，更丰富升华了美丽乡村建设的内涵，留住了乡土风情、田园美景，提高了农民的幸福指数。

农村这类新产业、新业态、新模式是我们过去闻所未闻、见所未见的，其快速发展已成为农业农村经济进入新时代的重要特征。

二、农村新产业、新业态、新模式发展越快，越需要正确引导

当前各地发展农村新产业、新业态、新模式的积极性很高、势头很猛，越是这样，越应该尊重规律、正确引导。总结一些地方的

成功经验，在培育和发展新产业、新业态、新模式过程中：

第一，应始终高挂“农”字招牌。坚持围绕农业核心，以“农业+”的新理念打造“新农业”，引导和带动农民。“百业农为先，农兴百业兴”。重视农业，夯实农业这个基础，历来是固本安民之要。新产业、新业态、新模式一定要扎根农村广阔天地。脱离了农业和农村，新产业、新业态、新模式很快就会成为无源之水，无本之木。因此，引导农村新产业、新业态、新模式发展，一定要紧紧围绕“农”字招牌来做文章。一方面，必须要与农村资源优势、人文条件、经济基础相契合，把农村作为长期发展的“根据地”“大本营”，通过对传统农业人才、经验技术、土地资源等进行优化重组，变革传统的生产要素配置方式，加快培育多元化、多层次的乡村产业体系。另一方面，必须坚持突出乡村特色，凸显“土气”“老气”和“闲气”，以田园风貌、人文传统为坐标，准确定位美丽乡村的功能作用，多搞乡情乡韵、古色古香的美丽乡村，不搞千篇一律的，缩小版、精致版的现代城镇。把乡村建成缩小版、精致版的现代城镇，既不能体现出乡村的独特风貌和魅力，也会给农民群众的生产生活带来很多不便。没有了田园风光和农耕文明的乡村，就没有灵魂，就不再有生气，当然也就不会有任何吸引力，留不住任何“乡愁”。所以，千万要把留住田园乡愁、延续农耕文明，作为一种基本理念，渗透到引导农村新产业、新业态、新模式健康发展的每个细节当中。

第二，应高度重视引入现代生产要素。要实现乡村经济、生态、文化、社会等多维振兴，发挥农业农村产品供给、生态保育、休闲体验、文化传承等多重功能，必须将现代先进生产要素引入农业、融入乡村。要善于将互联网技术和信息化手段推广到乡村，树立互联网思维、用好信息化手段，支持农产品电商平台和乡村电商服务站点建设，加强乡村物流配送体系建设，把农民的好东西卖出去、把农村的好景点推出去。要善于将现代管理理念、生产方式和经营模式运用到乡村，树立管理也是资本、资源配置方式和效率也

是资产的思维，开阔眼界，拓展市场，加强营销，推进精细化管理。同时，也要善于吸取和应用天人合一、休养生息、种养循环、精耕细作等宝贵经验，在引导支持农村新产业、新业态、新模式发展中，继承和发扬光大华夏传统农耕文明。

第三，应积极推动一、二、三产业融合发展。当前，产业融合发展已成为产业革命的大趋势、大潮流。实施乡村振兴战略，引导农村新产业、新业态、新模式发展，也要把握这个趋势、顺应这个潮流，坚持以农业为基本依托，将资本、技术以及资源要素进行跨界集约化配置，推动农村一、二、三产业紧密相连、协同发展，实现农业产业链延伸、价值链整合和多主体共赢。要树立大农业融合发展理念，推进农业与旅游、教育、文化、康养等现代产业元素深度融合，推动以订单生产为标志的产品融合、以关联产业立体发展为标志的产业融合、以股份合作共享共赢为标志的经营融合，让现代都市人在农家乐、采摘园、开心农场、葡萄酒庄、海洋牧场、垂钓中心等体验型新业态中，亲近自然、感受乡愁，品味农耕文化、体验农事艰辛。要注重建设好“三园一体”和特色村镇、风情小镇、美丽乡村、农业众创空间等融合发展的平台和载体，推动农村新产业、新业态、新模式集群发展。要大力推行定制个性服务、远程运行监控、精准供应管理等新模式，推动农业生产经营的电子网络化改造和提升，推进分享经济、平台经济等新经济形态在农业农村中广泛应用。

第四，应注重对小农户的带动。我国国情农情决定了在今后相当长的时期内，小农都将是我国农业发展的基本面。引导农村新产业、新业态、新模式发展，头等重要的任务，就是带动扶持广大小农户共同发展，实现小农户和现代农业发展有机衔接。在政策导向上，应继续加大对农村新产业、新业态、新模式的支持力度，全面增强其经济实力、发展活力和带动能力，打造小农户与新产业、新业态、新模式的利益共同体和命运共同体，让广大小农户充分享受乡村振兴的成果。在具体措施上，应重点支持在小农户基础上成长起来的新产业、新业态、新模式，大力发展直接面向小农户的农业生产性服务业，鼓励和引导小农户开展多种形式的联合与合作，扩大小农户经营规模，提高小农户集约经营水平。

第五，应大力推进城乡互动互促。实施乡村振兴战略，本质上就是要把城乡作为一个相辅相成、不可分割的"共同体"来谋划发展措施和布局，形成城乡公共资源均衡配置、生产要素自由流动的体制机制，使城乡之间相伴相生、互补互惠、共生共荣。因此，引导农村新产业、新业态、新模式发展，既要站在城乡融合发展的角度去创设体制机制和政策体系，也要以差异化的发展路径来突出乡村比较优势。要加快体制机制创新，尽可能减少制度壁垒，建立健全土地、资金、劳动力等资源要素市场化配置机制，促进城乡要素双向自由流动。

三、加大支持力度，努力为农村新产业、新业态、新模式发展创造良好条件

现阶段，农村新产业、新业态、新模式发展仍处于萌芽期和成长期，应主要通过市场来决定成败、选择赢家。同时，也离不开各级政府在政策、产业、人才、服务等方面大力支持。

第一，应十分注重规划引导。农村新产业、新业态、新模式发展，是一个长期的过程，不可能一蹴而就。因此，一定要克服急功近利、急于求成、揠苗助长的思想和方法，以"钉钉子"的精神，一步一个脚印扎扎实实地向前推进；一定要有全面细致的顶层设计和长远发展规划，明确勾画出阶段性发展目标和推进路线图，真正做到"心中有数、行之有度"，咬定青山不放松，不断集小胜为大胜，避免走上一哄而上、村村都搞"农家乐"、家家都开"小旅馆"的粗放式发展的道路。

第二，应紧紧抓住人才这个"第一资源"。农村新产业、新业态、新模式的发展离不开人的思维和观念的改变。因此，引导农村

新产业、新业态、新模式健康发展，首先就是要抓好发现和培养人才这个关键。要围绕农村新产业、新业态、新模式的发展需求，注重加强农民实用技能培训，努力造就一支思想新、观念新、技能新的农民队伍。同时，大力支持返乡、回乡、下乡人员创新创业，建设一批产业孵化基地，在场地、金融、财税等方面对创业创新人才给予优惠，有条件的地方，可考虑对返乡、回乡、下乡创新创业人才给予相应的投资补助，鼓励他们成为带动农村新产业、新业态、新模式健康发展的骨干和生力军。

第三，应重视打造发展载体和平台。现代农业产业园、农业科技园、农民创业园，以及特色村镇、风情小镇、美丽乡村等融合型态，既是农村新产业、新业态、新模式的存在形式，也是其发展壮大的综合平台和重要载体。因此，应重点落实建设“三区、三园、一体”的有关部署和安排，积极打造一批农村一、二、三产业融合发展先导区，促进农业物质装备制造、生产经营示范、科技研发推广等相互融合，发挥产业融合、科技集成、创业平台、核心辐射带动等功能作用，推动农村新产业、新业态、新模式集群发展。

第四，应继续加强农村基础设施建设和公共服务。近年来，乡村旅游、农耕体验、生态康养等之所以遍地开花快速发展，一个重要原因，就是农村的人居环境有了大的改观。面对城镇紧窄的空间和紧张的生活，大家都希望能够回归自然，享受山水，体验传统，记住乡愁。正是因为农村基础设施和公共服务的快速改善，才帮助很多都市人实现了自己的愿望。因此，引导农村新产业、新业态、新模式发展，必须继续推动城乡基础设施和公共服务均等化，重视加强农村基础设施建设，不断改善农民生产生活条件。要继续加强农村基础设施，只有水通了、路通了、网通了，农村生产生活才能更加便利高效。要继续加强农村人居环境整治，只有绿起来了、亮起来了、干净整洁了，才能吸引更多的都市人到农村体验田园牧歌和农耕文明。要继续加强农村公共服务，只有教育、医疗等保障体系完善了、水平提高了，大家才能放心地在农村留下来、住下来。要加快推进乡村治理体系和治理能力的现代化，大胆探索多种模式和治理手段，确保农村社会和谐安定。

乡村振兴战略中的产业生态与生态产业

江泽林

中共十九大首次提出实施乡村振兴战略并写入党章，这是新时代做好“三农”工作的总抓手。2017 年年底，中央农村工作会议和 2018 年中央 1 号文件，对此作出全面部署。实施乡村振兴战略，总的要求是：产业兴旺、生态宜居、乡风文明、治理有效、生活富裕。这 20 个字构成了一个完整的目标体系，产业兴旺是重点，生态宜居是关键，产业与生态的有机结合，为乡风文明、治理有效、生活富裕提供重要支撑。本文主要围绕产业生态与生态产业，对实施乡村振兴战略谈一点粗浅认识。

一、全面理解乡村振兴战略

1. 从历史沿革看，乡村振兴是农业农村发展的时代要求。在人类社会的发展过程中，农业一直是基础产业，农村是人们赖以生存的家园。我国是一个传统农业大国，自古就秉持以农立国、以农为本，2 000 多年前就出现了一家一户、自给自足的小农经济，逐步形成与农业生产相适应的农耕文明。“日出而作，日落而息”“采菊东篱下，悠然见南山”等，就是传统的农业生产生活方式。近现代以来，随着工业文明的兴起，出现了不同的社会分工，二、三产业逐步分离出来。改革开放后，我国农业有了长足发展，农村面貌得到明显改善，为保障粮食安全、社会和谐稳定提供了有力支撑。当前，我国农业农村发展进入新时代，城乡居民消费结构和市场需求发生很大变化，人民对美好生活的向往日益增长，需要重新审视农业农村定位和价值，加快推动乡村振兴。

2. 从城镇化角度看，乡村振兴是实现城乡融合发展的必然趋势。随着工业化进程的持续推进，我国逐步形成了城乡二元结构，农村人才、资金、资源等要素单向流入城镇，农村空心化、老龄化问题严重，农业持续发展乏力，城乡差距十分明显。即便今后城镇化水平有了很大提高，常住人口城镇化率达到70%，我国仍将有4亿多人口生活在农村，他们需要稳定的产业就业和宜居的环境。与此同时，在快速城镇化中，有的城市人口过度集聚，城市公共服务要求已超过可持续的承载能力，“大城市病”问题突出。城镇居民不仅需要农业提供种类更多、品质更高的农产品，而且还需要农村提供清洁的空气、干净的水源和怡人的自然风光。实施乡村振兴，促进资源要素双向平衡流动，加快城乡融合步伐，也是城镇化良性发展的必然选择。

3. 从“五位一体”要求看，乡村振兴是全方位的振兴。乡村振兴是社会主义新农村建设的“升级版”，是“五位一体”总体布局在乡村的具体体现。以前，“三农”工作主要侧重于发展农村经济，实现农民收入持续较快增长。但是，农村在政治、文化、社会和生态文明建设方面明显滞后，基层治理比较薄弱，农民组织化程度低；不少优秀的民间工艺、传统艺术等正在消亡，乡村传统文化急需保护和弘扬；乡村教育、卫生等公共服务水平明显落后于城镇；不少农村生态恶化，人居环境差。实施乡村振兴战略不只是农村经济建设，而是促进农村政治、文化、社会和生态文明的全方面建设。

因此，如果我们只在农业上下功夫，忽视农民和农村，农业农村就不可能现代化。农民是农业的主体，农村是农业生产和农民生活的空间，把产业与生态有机结合，是实现乡村振兴的有效途径。产业兴旺不仅需要农业兴，更要百业旺，才能呈现出勃勃生机和活力。生态宜居不仅给农民建设幸福生活的家园，而且给包括城市居

民在内的广大人民群众提供高质量生态产品，让人们望得见山、看得见水、记得住乡愁。

二、产业的生态要求与改造

1. 农业资源是一个完整的自然生态系统。山、水、林、田、湖、草等资源是一个有机的生命共同体，既相互联系，又相互作用。如果顺应自然、适应自然，科学合理地利用农业资源进行生产，充分遵循其内在的客观规律，在获得稳定农产品供给的同时，本身就直接保护和改善了生态环境质量。比如，传统的“桑基鱼塘”农业模式，就是以水土资源的综合利用为基础，利用各种农业生物之间的互养关系，组织多品种、多层次生产而形成的良性循环农业生态系统，被国外喻为“最完善的农牧渔结合形式”。浙江青田稻鱼共生系统、云南红河哈尼稻作梯田系统、贵州从江侗乡稻鱼鸭复合系统等，也都是这方面的典范。我国农业文明中也具有丰富的保护环境和珍惜资源的朴素思想，如“天人合一”“顺天时，量地力”“二十四节气”以及“七十二候”。《礼记·月令》记载了古代劳动人民如何保护资源和按照岁时节令安排农事活动的经验，“孟春之月，禁止伐木，毋覆巢，毋杀孩虫；仲春之月，毋竭川泽……”正所谓“应之以治则吉，应之以乱则凶”，只有尊重自然规律，才能有效防止在开发利用农业资源上走弯路。

2. 现有农村产业生态性总体不足。过去由于生产力水平低，为了多产粮食不得不毁林开荒、毁草开荒、填湖造地，不得不增加农业投入品的使用，现在温饱问题解决了，保护生态环境就成为产业发展的题中应有之义。近年来，我国积极推进化肥农药零增长行动，实行种养加循环和农业废弃物综合利用，逐步把农业资源过度利用的强度减下来，并取得较大进展。但是，现有产业对生态性的重视仍然不够，把农业资源利用和生态系统保护割裂开来，往往只关注产业链中的某个环节，影响了产业可持续发展。一方面，农业资源消耗过度，超过农业资源的承载能力，水、林、草等资源难以得到及时恢复。华北地区 20 世纪 70 年代开始大规模打机井抽取地下水，农业用水粗放，地下水位大幅下降，超采区面积已达 18 万平方公里。另一方面，农村产业发展中忽视生态环境保护的问题突出。约 40%的畜禽粪污没有得到有效处理，影响周边环境。地膜的使用有效节约了水资源，但地膜使用后烂在地里，长期难以降解，形成“白色污染”，降低了土地产出能力。不少农村处于“垃圾靠风刮、污水靠蒸发”的状况，人居环境脏乱差。

3. 改造和提升农村产业迫在眉睫。我国农业全要素生产率和资源利用率不高，农业劳动力约占 27%，然而农业增加值在国民经济中的占比已经降到 8%以下，农业劳动生产率与发达国家存在较大差距。新形势下，我国农业发展主要矛盾已由总量不足转变为结构性矛盾，主要表现为阶段性的供过于求和供给不足并存，矛盾的主要方面在供给侧。需要通过三个方面的融合，改造传统产业，注重生态性，实现品质和效益提升。在产业融合方面，重点是促进一、二、三产融合，转变粗放的农业发展方式，最大程度减少资源消耗，推动农业向二、三产业延伸，做到产业上中下游有效衔接，延伸产业链条，提高附加值，促进农民更多就业，满足人民群众日益增长的多样化需求。在功能融合方面，有效拓展农业的多功能领域，不仅强化农业的产业经济功能，更需拓展农业的生态功能、文明承载与继承功能，让农业农村成为人们亲近自然、享受生活、体悟人生的理想去处。在主体融合方面，推动新型农业经营主体与小农户的紧密结合，加快培育新型农业经营主体，发挥好其引领带动作用，把小农户吸引到现代农业发展中来，有效提高农业综合效益和竞争力，实现利益的合理分配和互利互惠。

三、生态产业的发展

1. 现有生态产业发展呈现良好态势。与传统产业相比，生态

产业是依托良好的农业资源和生态环境，面向人们对优质农产品和服务的需求，强调以质量和效益取胜而不是以数量和规模取胜，通过产业与生态的有机结合，提高产品品质和产业效益。近年来，农村生态产业发展势头良好，形成了一定规模，主要有三种业态：一是生产绿色有机优质安全农产品，利用清洁的水、土壤、空气等资源，严格生产过程标准化管理，不使用或尽量少使用投入品，满足特定群体对农产品定制化、个性化的需求，如“有机大米”“有机蔬菜”“生态茶”等。二是提供生态宜居和休闲养生的场所，通过改善农村公共服务和人居环境，恢复保护乡村生态，让农村成为休闲娱乐和养生的场所。其中最典型的是乡村旅游，2017 年全国乡村旅游达 25 亿人次，同比增长 19%；消费规模超过 1.4 万亿元，同比增长 27%，发展迅猛。三是体验农耕文化，以文化小镇、农艺体验、传统手工艺制品、民间艺术形式等产品和服务为代表，利用乡村原汁原味的物质、非物质资源，还原自然传统的生产生活方式，满足城镇居民眷恋乡土、亲近自然的需求。通过互动、深度参与等，让游客近距离去感知、去体验，在心理和情感上感受传统文化和大自然的魅力。

2. 通过保持“绿水青山”获得“金山银山”。习近平总书记关于“绿水青山就是金山银山”的辩证论，科学地阐述了经济发展与环境保护的关系，保护和发展农村生态环境就是保护和发展农村持久的生产力。“绿水青山”与“金山银山”，一头是人类赖以生存的自然环境、连着生态环境，另一头是人类活动的产物、牵着财富生产。我国的名山大川、青山绿水、田园风光、古村古镇、民风民俗基本都在农村，这些丰富的自然生态资源，为乡村产业发展提供了有利条件。总的来看，绿水青山的价值没有被很好地、显性地挖掘出来，其资产属性未充分体现。乡村丰富的生态资源需要通过产业和一定商业模式才能释放价值，实现收益，反过来促进农民更好地保护生态。要大力发展生态产业，推动改善农业生态系统，恢复和提升农村生态，增强农业可持续发展能力。同时，要把生态优势变成农村发展的宝贵资本，让更多的老百姓吃上“生态饭”“旅游饭”，在保护生态中发展产业，让农民得到实惠。

3. 以生态性推进生态产业与传统产业的融合。传统产业侧重于产出效益，生产的价值目标单一，对资源消耗和综合效益等关注不够，没有充分考虑产出过程对生态环境造成的不利影响。生态产业更注重生产产出全过程的综合效益，充分考虑到产出的外部性，并通过品质、安全等，体现优良生态资源的价值。不管是对传统产业，还是对生态产业，政府都要明确保护生态环境的底线要求。通过环保监督、生态恢复、生态产品标志认证等公共服务，对生产产出全过程的生态性实施有效管理，最大程度减少浪费和污染，增加对自然的亲和度，保持乡村持久的产品输出能力和宜居环境，实现经济发展和资源环境保护双赢。要注意发掘和拓展农业在保留历史、体验文化、保护生态等多样化功能属性，结合信息革命、新能源变革等技术进步，拓展传统产业业态模式，发展生产生活生态有机融合的产业形态，把生态资产价值充分释放出来，实现产业生态化和生态产业化有机结合、协同发展。

综上所述，产业兴旺与生态宜居相互促进，对乡村振兴具有双轮驱动效应，有利于鼓励农民工返乡创业，吸引城里人下乡创业和休闲旅游养老，带动乡风文明和生活富裕，为乡村聚人气、添活力。新产业、新业态、新模式不断涌现，乡村功能价值日益凸显，吸引力显著增强，与新型城镇化相得益彰。通过产业发展和生态保护为美丽乡村打底色，促进了农业农村发展质量的提升。因此，促进产业生态和生态产业的有机结合，实现共同发展，对于解决新时代“三农”问题、实现乡村振兴具有基础性和关键性作用。

科学认识我国发展新的历史方位

黄守宏

习近平同志在中共十九大报告中指出，经过长期努力，中国特色社会主义进入了新时代，这是我国发展新的历史方位。科学认识我国发展新的历史方位，对于正确制定具有全局性、战略性、前瞻性的行动纲领，更好地坚持和发展中国特色社会主义，具有重大理论和实践意义。

一、以习近平新时代中国特色社会主义思想为指导来认识我国发展新的历史方位

历史方位是指客观事物在历史进程中的前进方向和所处位置。古人说，“辨方位而正则”。认清发展所处的历史方位是决定发展成功的根本性问题，但要认清历史方位绝非易事。中华人民共和国成立以来，我国在发展上既有顺利推进、不断取得成就的时期，也有遇到挫折、走弯路的时候。其中一个重要原因，就在于对历史方位的认识正确与否。

科学认识我国发展新的历史方位，是保证发展方向、发展路径、发展举措和各项工作切合国情实际、发展阶段的关键，也是坚持和发展中国特色社会主义的认识基础和实践基础。要做到这一点，必须有科学理论指导。习近平新时代中国特色社会主义思想是马克思主义中国化最新成果，是中国特色社会主义理论体系的重要组成部分，是被实践证明了的科学真理，也是正确认识我国发展新的历史方位的根本指针。要坚持以习近平新时代中国特色社会主义

思想为指导，坚持辩证唯物主义和历史唯物主义的方法论，从历史和现实、理论和实践、国内和国际等多个维度，深入分析我国社会发展的现实状况、变化趋势、外部条件等，精准把握我国发展新的历史方位，切实把思想和行动统一到中共十九大精神上来，更加自觉、更加主动地做好党和国家各项工作。

二、从我国社会发展的阶段性特征来认识我国发展新的历史方位

历史方位由发展阶段决定。中共十八大以来，以习近平同志为核心的党中央以巨大的政治勇气和强烈的责任担当，提出一系列新理念、新思想、新战略，出台一系列重大方针政策，推出一系列重大举措，推进一系列重大工作，解决了许多长期想解决而没有解决的难题，办成了许多过去想办而没有办成的大事，推动党和国家事业取得历史性成就、发生历史性变革。中国特色社会主义进入新时代，我国发展呈现许多新的阶段性特征。

社会生产力水平显著提高，综合国力跃居世界前列。改革开放以来，我国经济持续快速发展，已从低收入国家进入中上等收入国家行列，正在向高收入国家迈进。经济总量从世界第十一位跃居世界第二位，成为世界第一制造大国、第一货物出口大国、重要对外投资国。2016 年，我国国内生产总值占世界的份额为 14.8%，比 1978 年提高 13 个百分点。近些年，我国对世界经济增长的贡献率超过 30%。

经济发展进入新常态，发展格局发生重大变化。在创造第二次世界大战后一国经济高速增长持续时间最长纪录后，我国经济发展进入新常态。面对严峻复杂的国际环境和国内经济下行压力，我们坚持深化改革、扩大开放、强化创新驱动，经济实现稳中向好、稳中有进。2013—2016 年，国内生产总值年均增长 7.2%，增速位居世界主要国家前列。结构调整取得显著成效，服务业增加值在国内

生产总值中占比超过半壁江山，消费成为经济增长的主要拉动力，城乡区域发展差距缩小。以科技创新为核心的全面创新深入推进，发展新动能加快积聚。我国经济发展格局正在由主要依靠投资、出口拉动向依靠消费、投资、出口协调拉动转变，由主要依靠第二产业带动向依靠三次产业协调带动转变，由主要依靠外延扩张向依靠提质增效转变，为经济长期保持中高速增长、产业迈向中高端水平提供了坚实支撑。

人民生活显著改善，社会事业加快发展。就业稳定增加，近 4 年城镇新增就业每年都超过 1 300 万人，失业率保持在较低水平。城乡居民收入水平不断提高，特别是近些年居民收入增速超过经济增速，其中农村居民收入增长快于城镇居民，贫困人口持续减少。建立起覆盖全国 13 亿多人口的社会保障网。人民生活在实现从贫困到温饱再到总体小康历史性跨越的基础上，正向更加美好的生活迈进。

我国国际地位和影响力大幅提升，日益走近世界舞台中央。中共十八大以来，我国在国际舞台上扮演着更加重要的角色。我国倡导构建人类命运共同体，坚决维护以联合国宪章宗旨和原则为核心的国际秩序，坚持经济全球化和多边主义，积极倡导互利共赢的合作理念，得到国际社会广泛认同和支持。我国提出"一带一路"倡议，发起创办亚洲基础设施投资银行等新型多边金融机构，成功举办二十国集团领导人杭州峰会等一系列重大主场外交活动，彰显深度参与和引领塑造全球治理的实力和能力。今天的中国，已不再是处于世界体系边缘的旁观者，也不再是国际秩序的被动接受者，而是积极的参与者、建设者、引领者，为解决人类问题不断贡献中国智慧、中国方案。

三、从社会主要矛盾的转化来认识我国发展新的历史方位

社会主要矛盾决定党和国家中心任务。正确把握不同历史时期

的社会主要矛盾，是认清发展所处历史方位的基本依据。在社会主义改造基本完成后，中共八大报告指出：我们国内的主要矛盾，已经是人民对于经济文化迅速发展的需要同当前经济文化不能满足人民需要的状况之间的矛盾。但此后一个时期，由于种种原因，这个提法没有坚持下来。中共十一届三中全会后，我们党经过拨乱反正，对社会主要矛盾的论断重新回到中共八大上来。中共十一届六中全会通过的《关于建国以来党的若干历史问题的决议》指出："我国所要解决的主要矛盾，是人民日益增长的物质文化需要同落后的社会生产之间的矛盾。"从中共十二大到中共十八大，我们党一直坚持这一论断，始终致力于推动社会生产力发展。

经过改革开放近 40 年的发展，我国社会主要矛盾的性质和特点有了很大变化。社会生产力实现历史性飞跃，在很多领域达到世界先进水平，不仅能生产丰富多样的商品、基本满足人民物质文化需要，而且产品大量出口、"中国制造"享誉世界。这说明，我国社会生产今非昔比，"落后的社会生产"的表述已经不符合实际。同时，人民生活在总体达到小康后，对美好生活的向往更加强烈，不再仅限于一般的物质文化需要，而是有着更高、更广泛的要求，并呈现多样化、多层次、多方面的特点。人们期盼有更好的教育、更稳定的工作、更满意的收入、更可靠的社会保障、更高水平的医疗卫生服务、更舒适的居住条件、更优美的环境、更丰富的精神文化生活，对民主、法治、公平、正义、安全、环境等方面的要求也日益增长。与之相比较，我国发展不平衡不充分的问题更加凸显出来。部分中低端产品过剩和中高端产品供给不足并存，公共服务还有不少短板，城乡区域发展差距和居民收入分配差距仍然较大，生态环境问题突出等。综合分析各方面情况，中共十九大报告作出中国特色社会主义进入新时代，我国社会主要矛盾已经转化为人民日益增长的美好生活需要和不平衡不充分的发展之间的矛盾的重大政治判断。这一判断与过去相比，既有重大变化又保持连续性，反映了我国发展的阶段性要求，也反映了党和国家事业发展的重点要求。

我国社会主要矛盾的变化是关系全局的历史性变化，对党和国家工作提出了许多新要求。我们要在继续推动发展的基础上，着力解决好发展不平衡不充分问题。按照“五位一体”总体布局和“四个全面”战略布局，贯彻新发展理念，正确处理发展中的重大关系，重点促进城乡区域协调发展，促进经济社会协调发展，促进新型工业化、信息化、城镇化、农业现代化同步发展，在提高国家硬实力的同时注重提升国家软实力，不断增强发展的平衡性。坚持以经济建设为中心，进一步解放和发展生产力，建设现代化经济体系，以供给侧结构性改革为主线，推动经济发展质量变革、效率变革、动力变革。不断增强发展的充分性，更好满足人民在经济、政治、文化、社会、生态等方面日益增长的需要，更好推动人的全面发展、社会全面进步。

四、从社会主义初级阶段及其不断变化的特点来认识我国发展新的历史方位

我国社会主要矛盾的变化，没有改变我们对我国社会主义所处历史阶段的判断。科学认识我国发展新的历史方位，必须从社会主义初级阶段这样一个大的历史跨度来审视。要牢牢把握社会主义初级阶段这个基本国情，牢牢立足社会主义初级阶段这个最大实际，更准确地把握我国社会主义初级阶段不断变化的特点。

社会主义初级阶段是一个要延续上百年的历史阶段。改革开放以来，我国发展取得举世瞩目的成就，但社会主义初级阶段的基本特征和根本任务没有变。现在，我国经济总量虽已超过 11 万亿美元，但人均国内生产总值只相当于世界平均水平的 80%左右；到全面建成小康社会时，人均水平也仅接近世界平均水平，在创新能力、产业层次、公共服务等方面与发达国家仍有相当大的差距。实现建成富强民主文明和谐美丽的社会主义现代化强国目标，还有很长的路要走，必须长期艰苦奋斗。

社会主义初级阶段是一个不断发展变化的历史阶段。我们强调社会主义初级阶段的长期性，并不是说社会主义初级阶段是一成不变的。随着社会生产力水平提高及其带来的生产关系、上层建筑深刻变革，社会主义初级阶段在发展上不断有新进展、在层次上不断有新提升、在实践上不断有新内涵。当下社会主义初级阶段的基础、水平及其呈现的阶段性特点，与改革开放之初有很大不同，与提出全面建设小康社会奋斗目标的21世纪之初也有很大不同。“世异则事异，事异则备变。”我们要根据社会主义初级阶段发展变化的特点和要求，采取与时俱进的因应之策，推动发展实现从低水平到高水平、从量变到质变的跃升，最终越过初级阶段，进入社会主义的更高发展阶段。

中国共产党在社会主义初级阶段的基本路线是党和国家的生命线、人民的幸福线，必须长期坚持。我们谋划发展、制定政策，都必须以社会主义初级阶段这个基本国情、最大实际为依据，决不能脱离实际、超越阶段。同时，要准确把握社会主义初级阶段不断变化的特点，更好体现发展新要求和人民群众新期待。要按照党的基本理论、基本路线、基本方略，在继续推动经济发展的同时，更好地解决我国社会出现的各种问题，更好地实现各项事业全面发展，更好地发展新时代中国特色社会主义事业。

中国共产党的先驱李大钊说：“黄金时代，不在我们背后，乃在我们面前；不在过去，乃在将来。”今天，我们比历史上任何时期都更接近、更有信心和能力实现中华民族伟大复兴的目标。我们要更加紧密地团结在以习近平同志为核心的党中央周围，科学认识我国发展新的历史方位，向实现中华民族伟大复兴中国梦的目标奋勇前进。

加快构建开放型经济新体制 推进新一轮高水平对外开放

钱克明

改革开放以来，我国坚持打开国门搞建设，不断提高对外开放水平，为中国特色社会主义建设注入了强大动力。当前，国内外环境发生了深刻变化，我国开放型经济发展站在新的历史起点，面临许多新挑战。中共十九大深刻把握国内外发展大势，统筹国内国际两个大局，对进一步扩大对外开放、推动形成全面开放新格局作出了重要部署，必将有力地推动我国开放型经济发展，为决胜全面建成小康社会，实现“两个一百年”奋斗目标和中华民族伟大复兴中国梦增添新动能。

一、发展更高层次开放型经济面临的形势

当前，我国正处于历史发展机遇期，具备进一步扩大对外开放的基础、条件和潜力。但同时，世界正处于大发展大调整大变革时期，我国经济正处在转变发展方式、优化经济结构、转换增长动力的攻关期，对外开放面临新形势、新挑战。

（一）国内营商环境有待完善

营商环境是企业发展的土壤，决定了国际高端要素资源的流向与聚集，成为能否在全球经济技术竞争中取胜的关键因素。中共十八届三中全会提出建立法治化的营商环境以来，我国大力推动政府简政放权，政策透明度和稳定性有了显著提高，但改进营商环境还

有很大空间。

1. 国内市场壁垒仍较多。城乡要素分离、地区市场分割的问题还没有很好解决，全国统一大市场仍未形成，国内外市场一体化进展缓慢。民间资本准入的“玻璃门”“弹簧门”“旋转门”还未消除，企业税费、融资、物流及制度性成本仍然很高。世界银行发布的《2018 年营商环境报告》显示，在 190 多个经济体中，中国营商环境综合排名第 78 位，不仅大大落后于亚洲“四小龙”，较墨西哥、秘鲁、智利以及非洲的毛里求斯、卢旺达等国也落后 20 位以上，特别是在办理施工许可、保护少数投资者、纳税等方面均位居 100 位以后。

2. 国内国际两类规则存在差异。在政府采购体制，知识产权保护，竞争中立、劳工、环保等规则上与国际高标准差距较大。以知识产权保护为例，世界经济论坛发布的《2017—2018 年全球竞争力报告》显示，中国知识产权保护力度在 137 个经济体中，排名第 49 位，大大落后于综合排名前十名的国家在该项上的竞争力。知识产权保护程度的不足使得知识密集型服务业发展缺乏激励机制，也限制了高端制造业的智力支持。

3. 贸易便利化水平不高。企业办理进出口业务手续耗时长、费用高，负担较重，制度性障碍对贸易顺畅度和开放度的制约不容忽视。世界银行报告指出，我国贸易便利化水平排世界第 97 位，企业办理出口通关手续耗时和费用是七国集团均值的 1.6 倍和 2.9 倍。经合组织相关评估也显示，我国在行政效率、边境管理透明度等方面普遍高于发展中国家平均水平，但在市场准入、边境机构合作、信息技术运用方面还有不足。

（二）对外开放水平有待提高

开放度水平的提升是一国善用国际市场和资源，在全球范围实现自身发展的必由之路。经济合作与发展组织 2017 年发布的外商投资限制指数测算显示，我国外商投资限制指数为 0.33，在 63 个

经济体中高居第 4 位，反映我国距国际高水平开放还有较大差距。

1. 从结构上看，市场准入、服务业开放有待扩大。当前服务业实际使用外资不断上升，已超过制造业成为我国吸收外资的主要增长点。但是相比制造业，服务业对外商开放度不足，对外资准入资格、进入形式、股权比例和业务范围等方面存在诸多限制。经济合作与发展组织报告指出，我国第三产业外商投资限制指数为 0.402，远超过第一产业的 0.373 和第二产业的 0.184，在银行、证券、保险、电信、媒体等领域的限制指数均排在 63 个经济体的前三位。

2. 从布局上看，海强陆弱、东快西慢特征依然明显。受地理区位、发展基础和要素禀赋等因素制约，相对于沿海地区等开放高地，内陆和沿边地区大多仍为开放洼地。一方面具有资源丰富、潜力巨大的优势，另一方面又面临开放型经济规模总体偏小、经贸合作层次不高的挑战。西部地区拥有全国 72％的国土面积、27％的人口、20％的经济总量，而对外贸易仅占全国的 7％，利用外资和对外投资分别占 7.6％和 7.7％，“胡焕庸线”仍然顽固地存在。

3. 从规则上看，法随世移、律与时变仍需加快步伐。联合国贸易和发展会议发布的《2017 年世界投资报告》指出，以立法来限制、保护和引导投资领域和投资条件，已经成为包括不发达国家在内的共识和手段。而包括中国在内的法制相对并不完善的国家，亟须大量的法制工作，否则必将在世界投资中处于弱势地位。随着外资深度融入我国经济发展，在既有法律法规中，一些内容由于长期未进行修订，已难以适应改革开放新形势。例如，跨国并购的法律法规尚未成体系，产权交易的法律规范仍然缺乏，对外商投资企业事中事后监管较为薄弱，“外资三法”在企业组织与运行规定上存在重叠。积极推动新的外资基础性法律出台，建立完善的外商投资法律体系，提升法律法规的透明度和可预见性任重道远。

（三）吸引外资国际竞争更加激烈

利用外资是我国对外开放的重要内容，当前，随着劳动力成本上升，土地供给趋紧，超国民待遇的不复存在，我国利用外资的传统优势逐渐削弱，受到发达和发展中国家的“前堵后追”。

1. 发达国家大力推动再工业化，刺激制造业资本回流。新技术革命方兴未艾，发达国家纷纷出台强力政策，刺激制造业资本回流，意图在国际产业分工格局重塑的博弈中争夺优势地位。近日，美国共和党公布了“里根时代以来最大规模”税改方案，预计未来10年减税总额将达到1.4万亿美元。美国税收政策中心预测，2017—2026年，将有1.25万亿美元资金回流美国。美企业所得税降低后，低于经济合作与发展组织（OECD）国家22.5%的平均水平，将增加对外国企业的吸引力，吸引全球财富流向美国，给我国制造业利用外资带来压力。

2. 其他发展中国家凭借更低成本和更优惠政策，对跨国投资形成分流。一方面，随着发展中国家工业化、城市化不断推进，依靠廉价的生产资料优势吸引大量全球产业资本，对我国劳动密集型产业造成明显冲击。我国中西部地区普遍反映，与周边发展中国家相比，承接产业转移竞争难度加大。另一方面，印度、越南等我国周边发展中国家经济处于改革转型期，加大力度吸引外资成为其长期政策，由此对我国产生的虹吸效应不容忽视。印度穆迪总理执政后，推行“印度制造”“创业印度”“清洁印度”“国家愿景规划”等一系列战略举措，整合市场资源，优化营商环境，吸引以美国微软、日本丰田、中国华为为代表的大型跨国公司纷纷加大在印投资力度。越南为吸引三星电子集团投资，不仅给予购地款项返还、8年免税等优惠，还专门为其修建高速公路、打通陆路运输通道。此类优惠举措推动这些国家的资本净流入均呈较快增长势头。在全球外国直接投资流入量减速的背景下，印度、越南2016年吸引外资流量分别达445亿和126亿美

元，近5年的引资年均增速达到4%和11%。

（四）保护主义挑战更加严峻

当前，全球保护主义甚嚣尘上，严重影响了贸易和投资两大全球增长引擎，更恶化了我国开放型经济发展的外部环境。

1. 反全球化思潮抬头，大国内顾倾向增强。经济全球化是一把“双刃剑”，在推进全球经济贸易大发展的同时，也在多个层面拉大了发展差距，激化了民粹主义、保守主义与精英主义、自由主义两股思潮的矛盾冲突。近年来，英国脱欧、意大利公投、特朗普就任美国总统等一系列事件，都反映出部分国家“反全球化”“逆全球化”思潮的影响上升，全球化和国际格局演进的不确定性增加。联合国贸发会议报告显示，发达国家限制产业和技术外迁，导致跨国公司投资意愿下降，发达国家对外投资规模从2007年的1.8万亿美元下降至2016年的1万亿美元。

2. 多边贸易体制面临发展瓶颈，贸易投资规则呈现碎片化。现有国际贸易投资规则无法适应全球产业链和价值链布局不断拓展深化的要求，新型经济体的崛起对以发达国家为主导的传统全球治理体制提出挑战，全球投资贸易规则重构的方向开始走向迷茫期，在此影响下，保护主义势头更趋上升。一方面，作为贸易全球化重要基础的WTO趋向边缘化，WTO框架下的贸易规则逐步式弱。多哈回合谈判启动多年以来，步履维艰、进展缓慢。另一方面，贸易投资规则谈判的地理空间区域化、主体同质化特征明显，保守性、片面性问题突出。在全球超过3 300个的多双边区域贸易协定谈判中，仅有不到5%涉及投资便利化。

3. 我国成为贸易保护主义主要受害者之一，面临的贸易摩擦形势更加复杂。当前，部分发达国家错误地将本国社会问题归咎于经济全球化，归咎于其他国家的“不公平竞争优势”，对我国贸易救济调查呈现规模扩大化、措施严厉化、产品升级化和动机政治化等特点。2017年，我国共遭遇21个国家（地区）发起的75起贸易救济调查，涉案金额110亿美元。其中，美国对我国发起24起337调查，并启用极少采用的201调查、301调查、232调查、332调查，在产能过剩和知识产权等问题上对我国施压，使我国面临巨大的非关税壁垒障碍。

这些新情况、新问题，给我国开放型经济发展带来巨大的挑战。当然，也要看到我们的优势和潜力。一是我国经济实力不断增强。我国发展成为全球第二大经济体、第一出口大国、第二进口大国和双向投资大国，贸易大国地位进一步巩固，经济发展的趋势长期向好，为新一轮扩大开放，提供了更大的运筹空间。二是开放红利不断释放。我国在重要领域和关键环节改革取得的新突破，加速形成新优势，不仅使我国经济实现了由后进赶超转为全面走向现代化的征程，也使我国日益走近世界舞台中央。三是大数据、云计算、“互联网＋”等信息技术蓬勃发展。我国新一代互联网企业，依托国内庞大市场和完备实体产业，不仅成为我国外经贸领域新的增长极，也在尝试向海外突破，输出中国标准、中国模式。四是全球新一轮产业链转换正在到来。在以服务为主导的全球价值链竞争时代，制造服务化、服务知识化将推动世界产业结构大融合，使发展中国家有可能突破产业结构升级的线性模式，实现跨越式升级。我们要充分利用当前的战略机遇期，加快发展开放型经济，在开放中坚定道路自信、理论自信、制度自信、文化自信。

二、新一轮高水平对外开放要突出“四新”

中共十九大指出，“开放带来进步，封闭必然落后。中国开放的大门不会关闭，只会越开越大”。我们要以习近平新时代中国特色社会主义思想为指导，推进新一轮高水平对外开放，努力打造营商新环境、推动形成全面开放新格局、培育国际竞争新优势、引领国际经济治理新秩序。

（一）打造营商新环境

1. 营造法治化营商环境。完善涉外经贸法律体系，推动形成完备的法律规范体系、高效的法治实施体系和严密的法治监督体系。加快《外国投资法》立法进程，建立统一高效的内外资法律法规体系，完善外资国家安全审查机制。推动出台出口管制法、国际服务贸易条例、境外投资条例等，注重电子商务、市场采购等新型贸易模式的立法，做好反垄断法等修订工作。加强重点领域知识产权执法，推动形成有利于公平贸易的知识产权国际规则，提升知识产权保护水平。清理废除妨碍统一市场和公平竞争的各种规定和做法，激发各类市场主体活力。

2. 有序放宽市场准入。加快自贸试验区先行先试，进一步压缩外商投资负面清单，结合发展实践和高标准国际规则，发挥其风险和压力测试作用，加快成熟经验的复制推广，加强改革的系统集成。扩大对外开放领域，深化制造业开放，加快生产性服务业开放，逐步扩大教育、文化、医疗等生活性服务业领域外资准入，积极稳妥推进金融业开放。全面实施全国统一市场准入负面清单，尽快推出全国版外商投资负面清单，营造对各类资本一视同仁的公开、公平、透明的竞争环境。

3. 促进贸易投资便利化。深入推动“放管服”改革，降低企业税费、电费、物流、融资及交易成本。全面实施单一窗口和通关一体化，加快清理和规范进出口环节收费，缩短出口退税周期，降低海关出口平均查验率。持续推进外资管理体制改革，加强事中事后监管，建立健全监督检查制度。改进对外投资监管措施，健全对外投资备案报告制度，完善对外投资台账，建立对外投资合作“双随机、一公开”监管制度。

（二）推动形成全面开放新格局

1. 扎实推进“一带一路”建设。遵循共商共建共享原则，加强同相关国家和国际组织对接，落实好“一带一路”国际合作高峰论坛成果，努力实现政策沟通、设施联通、贸易畅通、资金融通、民心相通。加快基础设施互联互通，深化能源资源开发与通道建设合作。充实完善“一带一路”经贸合作项目库，做优做精重大合作项目，加强与沿线国家的产业投资合作。提高贸易和投资自由化、便利化水平，与相关国家商谈优惠贸易安排和投资保护协定，全面加强海关、检验检疫、运输物流、电子商务等领域合作，将“一带一路”建成开放之路。

2. 推动区域协同开放发展。落实京津冀协同发展、长江经济带发展等区域协调发展战略，科学规划雄安新区、粤港澳大湾区等建设，促进东北等老工业基地振兴、中部崛起和东部优化发展。加大西部开放力度，在西部地区打造一批贸易投资枢纽城市，扶持特色产业开放发展，使西部从开放末端走向开放前沿。加强“一带一路”建设与国内区域发展战略的对接与结合，带动形成全方位开放、东中西部联动发展的局面。

3. 提升开放平台水平。完善口岸、跨境运输等开放基础设施，加快各级经济开发区的转型升级，统筹规划自贸试验区、边境经济合作区、跨境合作区和境外经贸合作区，打造全球资源配置和参与国际竞争的产业集聚平台。赋予自贸试验区更大改革自主权，探索建设中国特色的自由贸易港，打造开放层次更高、营商环境更优、辐射作用更强的开放新高地。

（三）培育国际竞争新优势

1. 推进贸易强国建设。要加快外贸转动力、调结构，培育外贸竞争新优势，推动外贸从量的扩张到质的提升。深入推进“五个优化”“三项建设”，做强一般贸易，提升加工贸易，发展其他贸易。促进贸易平衡，积极扩大进口。培育贸易新业态、新模式，促进服务贸易创新发展，打造中国品质、中国品牌、中国服务。

2. 提高双向投资水平。坚持引进来和走出去并重，形成面向

全球的贸易、投融资、生产和服务网络。配合供给侧结构性改革和"中国制造 2 025"，积极有效地引进境外资金和先进技术，着力培育以技术、标准、品牌、质量、服务为核心的竞争新优势。鼓励有实力、信誉好的企业走出去，规范海外经营行为，打造中国投资品牌。促进国际产能合作，创新对外投资方式。鼓励企业通过对外投资获取技术、资源、品牌、市场，增强全球要素资源配置能力。

3. 培育中国特色的跨国公司。培育一批具有国际竞争力的本土跨国公司，充分利用新一代信息技术，创新商业模式，实现对品牌、专利、技术、营销渠道的控制。将处于价值链低端的生产环节有序向境外转移，建立我国海外制造业基地，延长产业链。推动银行、保险、仓储、运输、批发零售等配套产业和价值链向境外延伸，深度融入全球产业链、价值链、物流链。

（四）引领国际经济治理新秩序

1. 深化多边区域合作。坚持多边贸易体制主渠道地位，以我为主，推动多边谈判取得积极成果，落实世贸组织《贸易便利化协定》，做好重大世贸争端案件诉讼，发挥好世贸组织政策审议功能，为支持多边贸易体制健康发展提出更多中国方案，贡献更多中国智慧。落实金砖国家领导人厦门会晤成果，深化 G20 经贸合作，推动上海合作组织峰会取得更多经贸成果。促进贸易投资自由化、便利化，提升我国经贸规则制定话语权，更加主动塑造开放的外部环境。

2. 建设全球自贸区网络。推动区域全面经济伙伴关系早日达成，推进亚太自贸区建设。力争与所有毗邻国家和地区建立自由贸易区，构建合作共赢的周边大市场和命运共同体。积极同"一带一路"沿线国家商建自由贸易区，形成"一带一路"大市场。争取同大部分新兴经济体、发展中大国、主要区域经济集团和部分发达国家建立自由贸易区。逐步构筑起立足周边、辐射"一带一路"、面向全球的高标准自由贸易区网络。

3. 提高双边开放水平。继续与有关国家商谈高水平的投资协定以及各种形式的优惠贸易安排，妥善应对贸易摩擦。抓住大国这个“牛鼻子”，稳定中美经贸关系，推进中欧经贸合作，深化对俄合作。加大新兴市场和发展中国家开拓力度，做好中非“十大合作计划”收官工作，办好中非合作论坛，促进共同发展繁荣。

推进蔬菜产业绿色稳定发展

薛 亮

经过改革开放以来的发展，我国蔬菜产业伴随整个经济和农业的快速发展，取得了令人瞩目的成就。近几年来，全国蔬菜每年播种面积 200 万公顷以上，年总产量 7 亿吨以上，人均年占有量 500 千克以上，均居世界第一。供需总体平衡有余，而且品种日益丰富、质量不断提高，满足了城乡人民不断增长的需求。同时，蔬菜产业吸纳了大量劳动力就业，全国直接从事蔬菜种植以及与蔬菜相关的加工、储运、保鲜、销售等的劳动力上亿人，为增加农民收入作出了很大的贡献。因此，蔬菜产业已经成为农业农村经济的支柱产业和重要的民生产业。

当前，我国农业发展进入加快转型升级的历史阶段，蔬菜产业发展面临新的形势和挑战。一是消费结构升级加快。在农产品供求实现基本平衡之后，城乡居民对农产品的消费更加关注品质、营养和安全，消费者和市场要求提供更多优质绿色安全蔬菜。二是发展方式转变要求迫切。农业生产已进入高成本阶段，菜农增收缓慢，蔬菜生产用工多、用肥用药多，加上市场信息不对称，生产者无法准确预测市场变化，个别品种存在季节性、区域性供求不平衡，农民“卖菜难”增收难和居民“买菜贵”并存的问题还时有发生，而蔬菜种植面积仍呈扩大趋势。对此，农业部围绕农业供给侧结构性改革的主线和农业绿色发展的方向，提出了“一稳定三提高”的目标要求。“一稳定”：即稳定蔬菜种植面积，划定优势区，因地制宜地发展北方设施蔬菜，力争蔬菜种植面积稳定在 200 万公顷。“三提高”：即提高品质效益，实现增产增效、节本增效、提质增效；

提高产业竞争力，提升产业综合素质；提高绿色发展能力，用健康的土壤、绿色的技术生产最优质的蔬菜产品。为实现这一要求，蔬菜产业的发展要重点推进以下几项工作：

第一，不断优化蔬菜生产布局，保障蔬菜市场均衡供应。当前，应根据农业供给侧结构性改革的要求以及蔬菜产地和市场动态变化的情况，不断优化蔬菜的生产布局。继续加强国家规划的华南与西南热区冬春蔬菜、长江流域冬春蔬菜、黄土高原夏秋蔬菜、云贵高原夏秋蔬菜、北部高纬度夏秋蔬菜、黄淮海与环渤海设施蔬菜六大蔬菜产业优势区建设，打造特色鲜明、优势突出的蔬菜产业带。在抓好南方冬春蔬菜生产基地建设的同时，因地制宜发展北方设施蔬菜，提高北方特别是冬春季蔬菜的供应能力。在长江流域为主的南方地区也应扩大设施蔬菜生产，主要发展秋延后、春提早、避雨遮阳、防风防虫设施，提高全年蔬菜生产能力。进一步发展有条件的高纬度和高海拔地区蔬菜生产，增加夏季冷凉产区蔬菜供应。逐步形成品种互补、错位上市、区域协调发展的生产布局，不断提高旺淡季均衡供应和北方冬季均衡供应的水平，从生产源头上缓解季节性、区域性供求不平衡。

第二，着力推进蔬菜绿色发展，保证优质安全蔬菜生产。优质安全蔬菜首先是种出来的，同时也是管出来的，应重点抓好 4 个环节：一是推进标准化生产。按照国家有关法规、技术规范和科学种植要求，体现环境友好和生态可持续发展原则，制定生产技术规程和品牌标准，实行蔬菜标准化生产。二是推进化肥农药减量增效。引导生产者科学施肥用药，严格农药使用安全间隔期，开展化肥、农药使用量零增长行动，大力推广节肥节药的关键技术和统防统治，提高肥药的利用率；推广应用生物防控、物理防控技术，强化绿色防控的理念和措施。三是推进有机肥替代化肥。在蔬菜优势产区、核心产区和品牌基地，大力推行有机肥替代化肥，减少化肥用量，改善土壤理化性质，增加绿色、有机蔬菜产品供给。四是加强市场监督管理。严格农业投入品管理，严禁严打使用高毒禁限用农

药，政府、市场、企业都应建立产品质量安全追溯制度，严控蔬菜农药残留超标，从生产源头和产品监管两个方面保证蔬菜的食品安全。

第三，加快推进蔬菜科技创新，提升产业竞争力。蔬菜生产规模小、品种多、茬口多、差异大，在先进技术应用和机械化发展上难度大、进展慢。当前，应加快集成推广一批优质高效、资源节约、环境友好的绿色生产技术模式，重点推动四项技术进步：一是推进蔬菜育种创新。加快选育一批优质、高产、多抗的新品种，在广泛应用杂交育种技术的基础上，加大分子育种技术的应用，力求更快地培育出更多的优良品种，并替代进口品种。二是推进蔬菜集约化育苗。随着蔬菜生产规模化、园区化的发展，集约化、工厂化育苗也得到迅速发展，它对于推广优良品种、减少病害、提高蔬菜品质、延长收获期、调控上市时间、降低生产成本等具有重要作用，是现代化生产的重要标志，应进一步强化规范、加快发展。三是加快蔬菜机械化发展。蔬菜生产是传统的劳动密集型产业，劳动力成本不断增大将成为蔬菜生产发展最大的制约因素，因而可以说，蔬菜产业的根本出路在于机械化。与大田粮食作物相比，蔬菜机械化不仅水平大大落后，发展难度也大得多，对此应加快创新，攻坚克难，切实加强农艺与农机结合，大力攻关和研发高水平、多样化的蔬菜机械，国家农机补贴政策应向蔬菜机械倾斜，促进蔬菜机械化有一个飞跃发展。四是推进蔬菜自动化智能化设施装备技术。积极应用当今信息化、智能化技术成果，大力发展蔬菜生产的水肥一体化技术、物联网管理技术、精准农业技术等，加快开发相应的高新技术设施装备。以上这些技术的应用，将有力地促进蔬菜生产标准化、规模化，大大提升蔬菜生产的现代化水平，大幅度提高蔬菜产品的质量安全水平。

第四，大力培育新型农业经营主体，促进规模化现代化生产。加快培育蔬菜种植大户、专业合作社、龙头企业等新型经营主体，发挥其在规模化、标准化、品牌化生产上的示范引领作用；培育新型社会化服务组织，开展种苗统供、肥料统配、病虫统防、产品统销等系列化社会服务，提高生产组织化程度；支持有实力的龙头企业，在蔬菜优势产区建立生产基地、加工仓储、冷链设施，培育知名品牌，引领产业转型升级。这方面各地都有一些成功的典型，有龙头企业带动、有合作社与社会化服务合为一体等多种模式。一系列实践已经证明，在我国人多地少、生产规模小的国情条件下，通过合作化生产经营、社会化服务方式，同样能够实现规模化、现代化的生产。在相比粮食作物更为分散的蔬菜领域，大力发展多种形式的社会化服务模式，发展合作化新型蔬菜生产经营主体，是促进现代化发展的重要途径。

第五，积极创新流通模式，促进蔬菜产销衔接。加强蔬菜产销信息监测预警，及时发布市场供求信息，引导生产者合理安排生产规模和品种结构，特别是安排好茬口和上市时间，努力实现均衡供应。进一步加强大市场流通体系建设，大力发展蔬菜储运加工营销一体化、农村电子商务、“互联网＋”等新业态、新模式，积极探索蔬菜等生鲜产品销售线上线下结合的新模式，充分发挥现代信息技术的功能和作用，实现生产适销对路、产品优质优价、农民增收致富，并在更高水平层面上保障市场均衡供应和价格稳定。

第六，大力加强蔬菜品牌建设，提高优质产品声誉和附加值。蔬菜作为大众日常消费品，一直以传统批发、摊售为主销售，品牌意识和建设十分落后，随着人们对优质安全蔬菜要求的提升，品牌蔬菜的市场需求不断扩大，蔬菜品牌建设亟须加强。蔬菜品牌建设首先要突出特色、发挥优势，创建蔬菜区域公用品牌，各地都有一批传统知名产品，如胶州大白菜、章丘大葱等，在此基础上，按照品牌标准进一步打造成规范过硬的区域公用品牌。同时，鼓励生产营销企业积极创立高标准（包括绿色、有机产品在内的）、有特色、赢得消费者喜爱和放心的优质产品品牌，并创建一批蔬菜名牌产品。通过品牌带动，更好地满足人们对优质绿色蔬菜的需求，进一步提高蔬菜的整体质量安全水平和产业效益。

强化组织创新、深化体制改革是实现农业现代化的必由之路

杨庆才

加速实现农业现代化，是我国实现两个一百年奋斗目标，实现中华民族伟大复兴中国梦的根本所在，没有农业和农村的现代化就没有整体国民经济的现代化。

一、把农民组织起来是现实根本性的选择

2017 年 5 月 31 日，中共中央办公厅、国务院办公厅印发了《关于加快构建政策体系培育新型农业经营主体的意见》，明确指出：在坚持家庭承包经营基础上，培育从事农业生产和服务的新型农业经营主体是关系我国农业现代化的重大战略。加快加强培育新型农业经营主体，加快以农户家庭经营为基础、合作与联合为主要经营方式、强化社会化服务为支撑的立体式复合型现代农业经营体系建设，对于推进农业供给侧结构性改革、引领农业适度规模经营发展、带动农民就业增收、增强农业农村发展新动能具有十分重要的意义。现阶段把农民组织起来，是我国农业现代化进程中的正确抉择。

（一）把农民组织起来是提高我国农业整体竞争力的重要保证

当前，农业面临的主要问题是整体竞争力不强，从表面上看，导致整体竞争力低的原因：一是农业生产成本高。近年来，我国主

要粮食作物成本持续上升，与美国比较呈全面走高之势。据有关专家研究，2013年，我国生产的玉米成本比美国高46.5%，水稻比美国高8.7%，大豆比美国高31.2%。二是农产品质量较差。主要是农残和药残比较严重，导致重金属超标、抗生素超标。三是农业生产经营规模小，农业总体上仍处于小农经济主导时期。四是农村青壮年劳动力持续快速减少，导致农民发展的质量有所下降，未来谁来种地已经成为一个非常现实的问题。上述四大问题深层次的原因：就是我国农民的组织化程度太低。在小农经济主导下，人力成本居高不下，生产个体繁多监管难度大，导致质量管理很难到位。农业比较效益低，导致大量农村劳动力外流。因此，把农民有效组织起来是全面提高我国农业整体竞争力的最有效手段和最现实选择。

（二）把农民组织起来是我国农业组织管理方式转型升级的基本途径

小农经济的特点是高度分散。生产主体、经营方式都呈分散状态，是导致劳动生产率、资源利用率、土地产出率比较低的直接原因。现阶段要实现农业现代化，就必须加速推进我国农业组织方式的转型与升级。

1. 从组织方式看。转变农业生产方式，核心是把农民充分地组织起来，形成利益共同体、经营共同体和经济共同体。通过一定的方式，把高度分散的农民组织起来，把有限的农业资源整合起来，采取统一应用、统一管理、统一经营，使农业生产要素按照现代农业的要求，根据资源整合的程度进行重新组合配置，全面提高资源利用率。打破过去多数农户在单户经营中，对所有生产要素都要做到“麻雀虽小五脏俱全”，使得相当多的资源性生产资料呈现相当长时期的闲置。

2. 从管理方式看。转变农业生产方式，必须全面提高经营管理水平。过去我们一直强调要全面提高广大农民的经营管理水平，

但由于基本素质的差异，虽然经过相当长时期的努力，但农民的生产经营水平始终没有得到根本性提高。主要原因就是高度分散，经营单元规模过小。把农民组织起来，让真正懂得经营管理的人走上管理岗位，承担起管理责任。特别是要适应农业供给侧结构性改革形势的需要，从管理入手，建立起绿色安全农产品和高效益助农增收生产管理体系已是当务之急。

3. 从运营方式看。转变农业生产方式，要让整个农业系统协调运行。现代农业三大体系是一个整体，是现代农业各要素协调运行之大成。无论是现代农业生产要素的重新组合与配置，还是把销售放在现代农业的最前端，乃至通过土地流转加速培育新型农业经营主体，都是建立在现代农业各系统、各要素协调运行基础之上的。把农民组织起来，就是要促进现代农业各系统、各要素都能协调高效运行。

（三）把农民组织起来是我国新型城镇化加速推进的必然结果

首先，从城乡人口比重看，将呈现倒置状态。1950 年，我国城乡人口比例关系为 11.3∶88.7，而未来 10～20 年，我国将可能出现城乡人口倒置现象，城乡人口比重有可能为 85∶15。其次，新型城乡关系并不是单纯的农村人口城镇化，而是在打破制度制约后，城乡人口将呈现相互流动，在大量农民成为城镇居民的同时，相当一批城市居民将返回乡村创业和生活。在这两种大趋势下，农民的数量将呈现快速减少之势，这种减少将使得我国在农业现代化进程中出现一批新型职业农民，农业将走向职业化，把农民组织起来，将有效加速农民职业化进程。

二、加速提高农民的组织化程度

农民问题始终是中国革命和建设的根本问题。要把农民组织起来，最重要的是让农民的利益紧密连接在一起。因此，在探索把农业组织起来的进程中，要着重解决怎样以利益为核心提高组织化程度。

（一）探索建立多种组织农民的有效模式

从调查情况看，当前农民合作只处于一个初始阶段，存在的主要问题是数量规模较大，发展质量较差，整体合作意识较低，真正能够合作的农民合作组织严重缺乏技术和管理人才。现阶段要把农民有效地组织起来，就要不断探索合作的有效模式。

1. 松散型合作模式。农民在个体耕种经营的前提下，由组织者组织农户统一购买生产资料、统一技术指导、统一产品收购、统一农产品销售。这种合作模式有效解决了部分农民合作意识差和不愿意合作的问题。但合作的程度比较浅，是最原始的合作，合作的根本问题没有得到解决，其生产力水平也很难得到提高，但这种合作模式是当前合作的主流模式。

2. 半紧密型合作模式。在众多农民合作组织中，有相当一部分是各种合作兼而有之。一个合作社中，即有带地入股的农民，也有租赁（流转）农民土地的，还有把土地托管给合作社的农民，多种模式兼有。这种模式的优点是可以兼备农民的各种思想与需求，可以用合作的实际教育引导农民逐步走合作化道路。

3. 家庭农场模式。主要是通过流转农民土地经营权，建设家庭农场。这种模式经营规模可大可小，在保护农民利益上，农民既可以得到土地流转费，又可以在家庭农场打工获得收入。这种模式的问题是把原来分散在农户的自然、价格和经营风险全部集中到了家庭农场主身上。如果经营不善出现风险，农场主无法承担，这将是最大的风险。

4. 紧密型合作模式。就是合作社所有社员都用土地和资本入股合作社，成为股东，并根据经营状况获得分红。这种模式尽管是少数，但代表着方向。这种经营模式之所以比较少，就是有经营管

理能力的人比较少，多数合作社成立了，由于没有很好的带头人，只能搁浅。

5. 农业股份制合作模式。这是新时期合作模式中的最高境界，也是最有效的合作模式。主要是农户用土地收益量化为股权入股公司，村集体用集体资产量化入股公司，吸引社会资本入股公司。这种股份公司化的经营模式，一般要有一个高素质的经营班子。

（二）探索补齐把农民组织起来的主要短板

据调查，当前农民合作存在的主要问题是：金融支持和融资难，保险保障难，专业技术和综合管理人才需求无法满足、农产品销售难，在发展中获得指导难，控制自然和市场以及经营三重风险难，满足基本建设需求难，获得有效的社会化服务难。从表面上看，这些问题是制约农民合作的瓶颈，但从深层次看，制约农民合作发展的主要短板有两个：一是培养更多到农村领办创办农民合作的人才教育体制机制严重缺失；二是能够为新型农业经营主体提供各种有效服务的服务体系严重缺失。

（三）探索建立把农民组织起来的高效政策体系

当前把农民组织起来，推动新型农业经营主体健康快速成长，亟须政策引导和扶持。按照中央要求，在制定支持新型农业经营主体政策时，要紧紧围绕深度推进农业供给侧结构性改革这一根本性目标，着眼于实现农业现代化的战略任务，坚持改革创新的大方向，形成比较完备的政策扶持体系。引导新主体提升规模经营水平，提高经营管理能力，完善利益分享机制，增强新主体带户能力。在更好地发挥带动农民进入市场、增加收入、建设现代农业作用的同时，加速推进新型农业经营主体尽早充分发挥主导作用。在制定政策中要坚持三项原则、三个导向：

三个原则：一是导向引领原则。在政策支持新型农业经营主体的发展过程中，必须依靠有效的政策体系，解决发展方向不清、目标不明、盲目找投资、上项目的问题。二是解难控险原则。解决发展中的难题、控制经营中的风险，是所有新型农业经营主体的热切期盼。通过制定有效政策，满足需求，推动各类新型农业经营主体快速成长。三是精准施策原则。政策的有效性源自于政策的精准性，所有政策必须有很强的针对性。

三大导向：一是引导广大农民从浅层合作走向深层合作。要鼓励农民从统一购买生产资料，分户生产、管理和销售的合作模式中走出来，走向真正的用实物或资金、用耕地入股，形成紧密型合作关系，走风险共担、利益共享之路。要鼓励农民合作社用各种方式升级为农业股份合作公司，走向更高层次的合作，真正做到树立新的经营理念，提高生产效率，降低生产成本，提高农业整体竞争力。二是引导农民合作组织从数量增长向质量提升跨越。支持农民把现有合作社等新型农业经营主体运行起来，从小规模起步，不断探索合作与管理的方法途径，不断积累合作与管理的经验做法，提升管理水平。引导广大农村把发展新型农业经营主体的热点从重视数量增长转移到推动质量增长，全面取消对新型农业经营主体发展数量指标的要求与考核。三是引导新型农业经营主体从单打独斗向协作联合迈进。鼓励新型农业经营主体进行各种形式的联合，特别是要支持同业联合，共同打造同一品种，统一组织生产，统一销售价格，统一面对激烈竞争的市场。要鼓励农民进行兼业联合和跨地区联合，不同主体间共享资源、共享信息、共享智慧，以其形成统一的联合体，共同应对不断变化的市场。

三、把农民合作推向更高层次

把农民组织起来，实现从小农经济向规模经济的有效快速转换，是全面实现农业现代化的重要标志与战略途径，也是一个复杂的系统工程，需要有一系列强有力的、系统化的对策措施，推动农

民合作从低层次走向更高层次。

（一）实施新型农业经营主体提升计划

要全面实施《新型农业经营主体提升计划》：一是育人引智。人是所有事业成败的关键。要强化对现有新型农业经营主体带头人进行系统培训，核心是让他们懂经营、会管理，以培训实操能力为核心；建立新型农业经营主体职业经理人制度，选择有志向的大学毕业生、返乡创业者、城市回转农村创业者，经过系统的经营管理培训，形成新一轮的“智力上山下乡”潮流，从根本上解决经营管理人才紧缺的问题。二是规范化发展。建立新型农业经营主体省级地方标准，推进新型农业经营主体标准化认证工作，对新型农业经营主体进行分类管理，确保整体健康发展。三是强化政策支持。制定相应的扶持新型农业经营主体发展的政策措施，从不同角度、不同层面支持不同规模、不同发展层级、不同产业的新型农业经营主体平稳发展。四是强化引导服务。着力解决信息、政策、市场、技术不通畅的问题，建立发展指导专家委员会，为新型农业经营主体发展建立起强有力的咨询服务系统。五是推进体系化服务。借鉴国内外成功经验，建立起高效服务体系。六是推进新型农业经营主体大联合。在共享经济时代，强化主体间的协作与联合，共同参与市场竞争。七是强化行业自律体系建设。以行业联合会协会为纽带，推进行业自律建设，由《联合会》制定行业自律公约，并在行业内广泛实施。

（二）强力推进标准化体系和信用体系建设

重点抓好三件事：一是针对不同规模、不同产业、不同区域、不同类型的新型农业经营主体，制定出分门别类的省级标准，并通过技术标准管理部门发布实施。二是依据发布的标准，利用两年时间，完成对现有新型农业经营主体的分级认定工作，将认定结果向社会公布，并对不同层级的新型农业经营主体实施分类管理。三是建立新型农业经营主体信用评估体系，与国家信用体系对接，提高失信违约成本，推动诚信发展。

（三）全面实施大协作、大联合战略

在共享经济时代，抱团取暖已经成为最可靠的发展路径，要坚持走大协作、大联合的发展之路。一是依托行业联合会或协会，建立起从省到县到乡到村的新型农业经营主体联合体系。二是在省联合会的基础上，建立若干专业分会，把各地的专业合作社和家庭农场按产业形成新型的纵向联合体，共同打造品牌，形成专业生产、专业营销、专业化发展的新模式，确保优质农产品卖得出、卖出好价钱，实现其特有的自身价值。三是以“联合会”为载体，实现新主体间的横向联合，实现信息、资源、技术、管理经验等全面共享，切实强化新主体间、与国内外同类组织间的技术管理等交流，全面借鉴行业内、国内外成功经验，提高新型农业经营主体经营管理水平。

（四）加速实施新型农业经营主体职业经理人培养计划

一是以大中专学生和返乡创业农民工及由城归乡人员为核心资源，由专业机构组织系统性培训。二是打破当前的培训模式，建立起新的培训体制。由于新型农业经营主体的经营管理是类企业经营管理活动，职业经理人必须具有企业管理的基本能力，还要有把握方向、熟知农业发展、研究和利用“三农”政策能力以及研判市场走势的能力。因此，培训课程必须重新设计，培训教师必须重新选聘。三是以此为契机，推进农业“双创”，即把返乡大中专学生、返乡农民工和城归人员作为新型现代农业创业者，把新型农业经营主体作为创业基地，在广袤富饶的大地上，掀起智力上山下乡全面创业的热潮。

（五）加速建设新型农业经营主体综合服务体系

农业服务体系建设一直是现代农业的短板，是现代农业建设进

程中亟待解决的重大问题，要借鉴国内外100多年的成功经验，采取“联合会”＋服务联盟＋服务平台的模式来建设。具体讲，首先是通过“联合会”把全省新型农业经营主体联结起来，形成一个相对紧密的整体。其次，把面向农业服务的技术、生产资料、金融保险和农产品销售等政府性和社会性资源整合为一体，形成服务联盟，共同以直通去中间化的模式为新型农业经营主体服务。最后，抓好平台化对接，让新型农业经营主体与服务联盟在平台上实现无缝对接。从服务内容上，主要包括农业信息技术和政策服务，生产资料直通化服务，金融保险保障化服务，农产品销售便捷化服务。

“推动1亿非户籍人口在城市落户”还需要多少公共成本？

马晓河　胡拥军

根据《国家新型城镇化规划》，实现“1亿左右农业转移人口和其他常住人口在城镇落户”是到2020年新型城镇化的重要目标。截至2016年年底，全国户籍人口城镇化率为41.2%，到2020年仍然需要解决超过5 000万非户籍人口在城镇落户，其中农业转移人口是核心，公共成本及其分担是关键。

一、2017—2020年的农业转移人口进城落户规模

为了进一步推动进城落户工作，2016年国务院办公厅发布《推动1亿非户籍人口在城市落户方案》（以下简称《落户方案》），要求“十三五”期间，户籍人口城镇化率年均提高1个百分点以上，年均转户1 300万人以上，其中落户重点对象是“农村学生升学和参军进入城镇的人口、在城镇就业居住5年以上和举家迁徙的农业转移人口以及新生代农民工”。根据《2015年全国教育事业发展统计公报》的进城务工人员随迁子女义务教育数据、《2016年农民工监测调查报告》的外出农民工数量，可估算每转户3个农业转移人口，需要解决1个义务教育阶段随迁子女的落户需求。研究表明，农业转移人口及其随迁子女占非户籍人口的比例一般为77%左右。

综合分析，为实现《落户方案》的年均1 300万落户目标，扣

除升学转户的农村学生与参军入城的农村青壮年等其他非户籍人口数量，从2017—2020年，全国共需为3 000万进城务工农业转移人口解决落户问题，另外大约有1 000万义务教育阶段子女需要随迁入户。

结合第六次人口普查的流动人口数据，假设根据流动人口的省（自治区，直辖市）分布结构同比例安排农业转移人口及其随迁子女落户数量，落户规模超过100万人口的省（直辖市）分别为北京、内蒙古、辽宁、上海、江苏、浙江、福建、山东、广东、四川。其中，省内跨县落户人口超过100万人的省分别为江苏、山东、广东、四川，跨省落户人口超过100万的省（直辖市）分别为北京、上海、浙江、江苏、福建、广东。

二、农业转移人口进城落户的公共成本测算

农业转移人口进城落户，核心是公共成本。“学有所教、老有所养、病有所医、劳有所技、住有所房”是农业转移人口进城落户最基本的公共服务需求。农业转移人口进城落户的公共成本主要包括各级政府在义务教育、养老保险、医疗卫生、就业培训、住房保障5个领域的公共投入。

1. 农业转移人口进城落户的公共成本总额为3.9万亿元，人均约为13万元，其中义务教育、养老保险、医疗卫生、住房保障是主要的支出领域。根据对农业转移人口进城落户公共服务的各级财政投入测算，实现从2017—2020年的农业转移人口落户目标，各级政府需要承担的公共成本总额为3.9万亿元，人均成本约为13万元，其中人均义务教育、养老保险、医疗卫生、住房保障成本分别为3.67万元、3.72万元、3.32万元、2.13万元，占比分别为28.2%、28.6%、25.5%、16.3%。全国农业转移人口进城落户总成本与人均成本见表1。

表1 全国各地区农业转移人口进城落户的总成本与人均成本

地区	义务教育（亿元）	养老保险（亿元）	医疗卫生（亿元）	技能培训（亿元）	住房保障（亿元）	总成本（亿元）	人均成本（万元）
全国	11 044	11 170	9 968	505	6 376	39 063	13.0
北京	1 402	1 651	867	21	715	4 656	29.7
天津	411	391	293	20	155	1 269	18.7
河北	156	139	181	10	109	595	8.4
山西	137	97	136	4	72	446	8.1
内蒙古	244	185	193	13	97	732	9.4
辽宁	280	177	237	19	141	854	9.0
吉林	107	57	81	4	45	294	9.0
黑龙江	160	95	120	6	63	444	9.2
上海	1 414	3 384	1 921	66	892	7 678	39.6
江苏	973	644	644	37	449	2 747	11.4
浙江	1 045	774	1 030	46	672	3 568	13.3
安徽	159	127	164	6	91	547	8.5
福建	442	301	354	17	280	1 394	10.0
江西	89	64	90	5	50	297	8.2
山东	344	271	311	15	171	1 112	8.9
河南	146	140	196	8	91	581	7.3
湖北	235	149	211	11	128	733	8.7
湖南	161	115	162	9	84	530	8.1
广东	1 685	1 309	1 422	121	1 295	5 831	10.6
广西	142	130	164	10	89	534	8.1
海南	74	68	57	3	54	257	11.6
重庆	129	102	123	8	76	439	8.9
四川	315	201	302	16	175	1 011	8.3
贵州	102	71	114	4	62	354	7.7
云南	155	115	172	7	98	548	7.9
西藏	21	12	11	1	6	51	11.2
陕西	179	130	137	7	77	529	9.6
甘肃	69	53	71	2	37	232	8.1
青海	43	46	34	3	19	144	10.4
宁夏	39	41	39	2	19	140	8.8
新疆	186	131	131	4	64	516	9.7

2. 从全国范围来看，在稳定已有的城乡公共服务投入与市民化支出力度下，推动农业转移人口进城落户需要新增投入 1.78 万亿元，人均新增约 5.9 万元。在进城落户公共成本总额中，由于各级政府正在为农业转移人口提供部分市民化服务，只有部分公共成本属于新增的。义务教育的新增成本主要是为随迁落户中小学生配套安排的校舍建设投入、教学仪器设备购置投入以及跨省输入地与输出地之间的公共财政预算教育经费差。养老保险新增成本主要是跨省输入地与输出地之间城镇居民养老保险基础养老金的差额。医疗卫生新增成本主要是为进城落户农业转移人口及子女安排的医疗机构新建扩建投入、医疗设备购置投入、医师培训投入以及跨省输入地与输出地对城镇居民医疗保险财政补助的差额。技能培训新增成本主要是跨省输入地与输出地之间技能培训财政补贴的差额。住房保障公共支出全部属于新增成本。

据测算，从全国范围来看，在稳定已有的城乡公共服务投入与市民化支出力度下，推动农业转移人口进城落户需要新增投入 1.78 万亿元，人均新增约 5.9 万元。其中，保障性住房建设是最主要的新增投入，约为 6 377 亿元，义务教育、养老保险、医疗卫生领域的新增公共支出分别为 4 149 亿元、4 431 亿元、2 777 亿元。技能培训的新增支出约为百亿元。

3. 在进城落户公共成本总额中，需要近期一次性支付的公共成本为 10 786 亿元，人均约为 3.6 万元，占比为 27.63%。根据公共成本的支出时间，进城落户公共成本可分为三类。第一类是一次性支出的公共成本，如新建扩建校舍与医院、医疗仪器设备购置、就业技能培训、廉租房建设等。第二类是连续性支出的公共成本，包括公共财政预算教育经费、城镇居民医疗保险的财政补贴、城镇居民养老保险的缴费补助。第三类是远期性支出的成本，主要是指未来为农业转移人口参保城镇居民养老保险支出的基础养老金。

据测算，在进城落户公共成本总额中，需要在近期一次性支付的公共成本为 10 786 亿元，人均约为 3.6 万元，占比为 27.63%；

需要在中期连续性支付的公共成本为 17 464 亿元，人均约为 5.8 万元，占比为 44.73%；需要在远期支付的公共成本为 10 791 亿元，人均约为 3.6 万元，占比为 27.64%（表 2）。

表 2　农业转移人口进城落户成本的期限分担结构

地区	义务教育（亿元）	养老保险（亿元）	医疗卫生（亿元）	技能培训（亿元）	住房保障（亿元）	总成本（亿元）	人均成本（万元）	占总成本的比例（%）
全国	11 023	11 169	9 967	505	6 377	39 041	13.0	100.00
一次性支出	2 962	—	942	505	6 377	10 786	3.6	27.63
连续性支出	8 061	378	9 025	—	—	17 464	5.8	44.73
远期性支出	—	10 791	—	—	—	10 791	3.6	27.64

4. 在进城落户公共成本总额中，需要中央财政支出的部分为 7 785亿元，人均约为 2.59 万元，占比约为 20%。理顺中央与地方对落户成本的分担机制是推动农业转移人口进城落户的重要因素。据测算，在进城落户公共成本总额中，需要中央财政支出部分为 7 785万元，人均约为 2.59 万元，占比约为 20%。在中央财政支出中，医疗保险、养老保险、住房保障领域的中央财政支出分别为 3 003亿元、2 904 亿元、1 216 亿元。从中央财政支出的区域分布看，中央财政支出明显向中西部倾斜，如中央财政支出占比最高的省份是贵州，达到 86%；占比最低的省份是上海，仅为 4.6%。上海、北京、天津、浙江、江苏、广东、海南、福建等 8 省（直辖市）的中央财政支出比例均低于全国平均水平。全国进城落户成本中的中央财政支出比例见图 1。

5. 上海、广东、北京、浙江、江苏、福建、天津、山东、四川 9 个省（直辖市）的进城落户公共成本均超过 1 000 亿，东中西部地区人均进城落户成本分别为 15.5 万元、8.3 万元、8.7 万元。从进城落户公共成本总额的区域分布看，在全国各省（自治区、直辖市）中，上海、广东、北京、浙江、江苏、福建、天津、山东、四川 9 个省（直辖市）的进城落户公共成本均超过 1 000 亿规模。上海、北京、天津、浙江的人均进城落户公共成本位居前列，分别

为39.6万元、29.7万元、18.7万元、13.3万元。据测算，大约64%的进城落户人口、77%的进城落户成本集中在东部地区，东中西部地区人均进城落户成本分别为15.5万元、8.3万元、8.7万元。

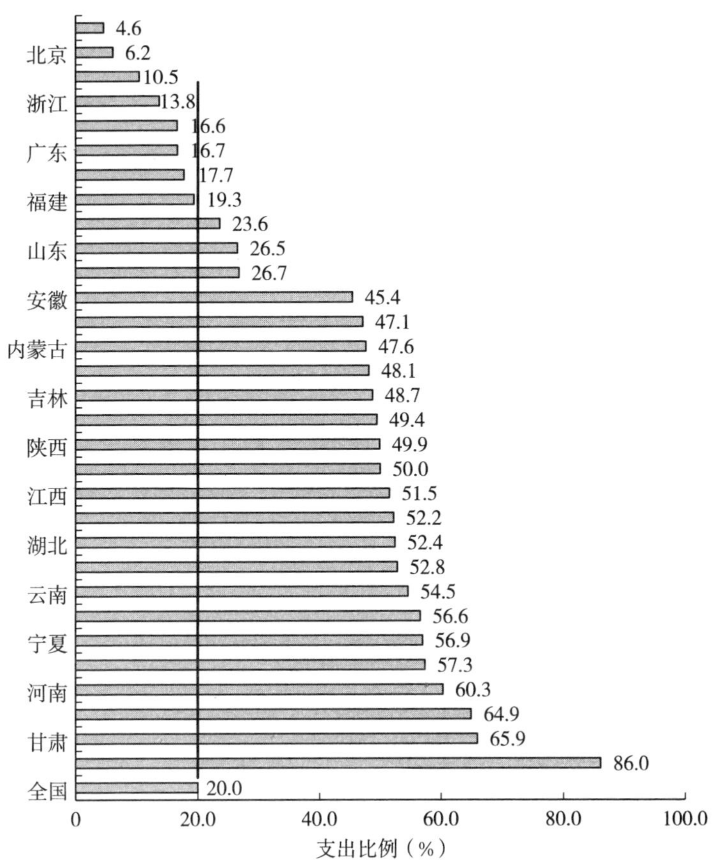

图1　全国进城落户成本中的中央财政支出比例

相对于省内农业转移人口而言，上海、广东、北京、浙江、江苏是跨省农业转移人口最为集聚的5个省（直辖市），为跨省农业转移人口承担的进城落户公共成本分别为6 257亿元、3 993亿元、3 679亿元、2 762亿元、1 482亿元（表3）。

表 3 东中西部地区农业转移人口的进城落户成本情况

项　目	东部	中部	西部	全国
进城落户人数（万人）	2 576.6	622	801.4	4 000
占全国比例（%）	64	16	20	100
进城落户成本（亿元）	29 950	3 860	5 231	39 041
占全国比例（%）	77	10	13	100
人均成本（万元）	15.5	8.3	8.7	13.0
占全国比例（%）	119	64	67	100

三、完善进城落户公共成本分担机制的政策建议

农业转移人口进城落户是推动 1 亿非户籍人口在城市落户的关键所在，是贯彻落实以人民为中心的政治工程，是推动供给侧结构性改革的重要内容，也是打赢农村脱贫攻坚战的得力举措。农业转移人口进城落户归根结底要解决“钱从哪里来”“钱归谁出”的问题。

1. 抓好落户公共服务的优先项。参照公办学校补贴标准并适度上浮，加强对民办中小学校的财政支持，加快对公办中小学校的扩建、改建、新建。引入 PPP 模式引导社会资本投入保障性住房建设。完善农业转移人口的社会保障关系转移接续，支持灵活就业人员和农民工随迁家属参保城镇居民医疗保险与养老保险，鼓励有稳定就业的农业转移人口参保城镇职工保险。鼓励民办医院、民办教育发展。

2. 提升落户公共服务的投入能力。调整上下级政府间的财税分配比例关系，降低上级政府财政税收集中程度，提高基层政府所占份额，增加基层政府的可自主支配财力。赋予地方政府适当的税收管理权限，使地方可以结合当地城镇化的不同模式和不同特点自主调节、配置地方资源。建立以市政债券为主的城镇化发展稳定资金投入机制，缓解城镇化过程中的资金压力。引导保险等资金投入

城镇基础设施建设。探索实行国有资本收益收缴机制，全额用于基本公共服务。

3. 理顺落户成本的央地分担机制。优化中央与地方的财税分配比例，增强基层政府提供公共服务的自主支配财力，加大对中小城市、小城镇和落后地区的财政转移支付力度，平衡大中小城市间、发达地区与落后地区间的财力差距。加强中央政府对义务教育生均公用经费、城乡养老保险基础养老金的兜底支出。中央政府重点解决跨省农业转移人口的市民化成本，省级政府重点负责省内跨市县迁移农民工市民化并承担相应的支出责任，城市政府负责各项公用设施与基础设施建设、卫生健康服务、就业创业指导等地方性公共事项的支出。

4. 完善成本分担责任的跨区协调。建立完善与常住人口数量挂钩的财政转移支付制度，形成"钱随人走""钱随事走"的机制。推动中央对输入地的财政转移支付与常住人口挂钩，对输出地的财政转移支付与户籍人口挂钩。引导输入地对外来人口输出地的经济援助和对口帮扶。鼓励各地探索建立"省级基本公共服务专项统筹资金"，制定对辖区市县的转移支付实施办法，形成按照人口增加比例增加转移支付金额、增加财税收入的转移支付机制，完善各市县的横向转移支付，有效缩小各市县的基本公共服务差距。

三、《判断与思考》简报专家文章

基于地下水超采区综合治理“一提一补”农业水价改革的政策建议

刘 静 常宝军

一、“一提一补”农业水价综合改革实施效果

河北衡水桃城区作为全国节水型社会建设试点，2005 年在全国首创了“一提一补”农业水价综合改革制度，通过经济杠杆和利益驱动，激发用水户内在的节水动力和积极性。

（一）“一提一补”实践操作简便易行

“一提一补”制度实施步骤：一是统一提高农业水价，实践中一般是提高灌溉用电的电价，建立奖励节约用水和惩罚过量用水基金。二是政府的补贴支持，把对农民预收的资金与政府的补贴资金合并成立节水基金，按耕地面积对接受“一提一补”的村进行整体补贴，使得最终受到奖励的农户的覆盖面达到村内总农户数的 80%。三是制度的实施范围是以自然村为单位进行内部奖罚，这种制度是动态的制度，在降水量较大的年份对村民的补贴相应较少，而降水量较少的年份补贴值则提高。此外，统一提价，按耕地面积平均补贴，避免统计每个农户每种农作物实际用水量和每个机井实际抽水量，实践工作中，易于操作，简便易行。

（二）“一提一补”形成了节奖超罚机制

“一提一补”中的“一提”就是根据不同水资源的稀缺性和重要性分别提高不同的价格，“一补”就是将提价多收的资金和政府

补贴资金纳入到节水调节基金，按耕地面积再平均补贴给农户。如果农户用水高于全村的亩均实际用水量平均值，返还的节水调节基金则低于自己的分摊费用；反之，返还的基金则会高于自己分摊的费用。通过价格机制、市场手段进行调节，形成了“多用水多掏钱，少用水得奖励，谁节水，谁受益”的利益分配新格局。

（三）“一提一补”实现了动态持续节水效果

在完全井灌区，作者调查了衡水市桃城区 3 个乡（镇）9 个村 332 个农户，其中，“一提一补”试点村样本 156 份，对照村样本 176 份。桃城区主要种植小麦、玉米，每亩地用水量约 250 立方米（电量 125 度）。以邓庄镇速流村为例，实施“一提一补”后，速流村电价由每度 0.7 元提高到 1 元，其中政府补贴 0.1 元。提高水价后，由于小麦、玉米灌溉用水量大，农户自发减少甚至不种小麦、玉米而改种棉花、辣椒、花生、甜瓜等低耗水作物。每亩用水量下降为 197.5 立方米，节水量 52.5 立方米（节电量 26 度），地下水节水率约为 21%。通过“一提一补”试点村和对照村农户调查数据对比发现，平均而言，实施“一提一补”后政府每亩地补贴 10 元，节约地下水 50 立方米，节约电费 17.5 元（节电 25 度×0.7 元），即政府每亩地补贴 1 元，可节地下水 2.5 立方米，节电 1.25 度。从动态长期看，以亩均实际用水量作为平均用水量，超过该用水量的农户受罚，低于该用水量的受奖，极大地激发了农户节水积极性，每亩地实际用水量将不断下降。

二、“一提一补”实施存在问题

地下水严重超采区，超采的水位低、用电多，一般超采区水位高、用电相对少，地表水不用电或用电极少。提高电价后，严重超采区提价高，奖罚力度大；一般超采区则奖罚力度相对小，鼓励使用地表水，符合超采区治理的要求。建议地下水超采区实行“一提

一补”水价改革制度。在制度实施过程中尚存在以下三个方面需要研究解决的问题。

（一）超定额累进加价与“一提一补”统一提高水价相悖

2016年1月21日，国务院办公厅发布《国务院办公厅关于推进农业水价综合改革的意见》（国办发〔2016〕2号，简称《意见》）的第三部分第十一条明确提出“实行农业用水定额管理，逐步实行超定额累进加价制度”。超定额累进加价与“一提一补”统一提高水价相悖。尽管2016年4月11日河北省人民政府办公厅印发《关于推进农业水价综合改革的实施意见》（冀政办字〔2016〕51号），明确提出对农业用水推行“一提一补，按亩返还”水价改革模式，由于与《意见》相悖，实际中无法执行。

（二）在用水户“自愿”基础上提高水价与“一提一补”统一提高水价相悖

2016年5月28日，为贯彻落实《意见》，发改委联合财政、水利、农业四部委发布了“关于贯彻落实《国务院办公厅关于推进农业水价综合改革的意见》的通知”（发改价格〔2016〕1143号，简称通知），要求“合理制定价格调整计划，充分听取各方面意见，鼓励供需双方公开公平协商定价。”即供水方要在用水户“自愿”基础上提高水价，虽然“一提一补”将节奖超罚制度落到实处，提价全都提，补贴全都补，不针对任何特定人群，是表面上公平公正的政策，但用水多的农户只要反对就不能提价。“一提一补”试点村实践过程中，虽然村里80%农户受益，由于用水多的20%农户中个别农户的反对，部分试点村退出了试点。

（三）“一提一补”制度实施初期存在政府补贴支出压力

由于按照平均用水量作为奖罚标准，必然造成50%农户受奖，50%受罚，制度实施初期，为了鼓励农户支持该项制度，政府须拿出一定补贴资金用于鼓励实施该制度，如果政府补贴资金达到提价的50%，可以确保80%用户受奖。

三、推行“一提一补”政策建议

现行“一提一补”制度模式是暂时的试点模式，随着我国全面深化改革，制度模式也将同步深化改革。“一提一补”制度改革的基本路线：将现行的“一提一补+财政补贴”中的“一提”变为水资源税，形成“一征一补+财政补贴”制度，逐步取消财政补贴形成“一征一补”制度。具体而言：

（一）对地下水深层超采机井的用电强制提高电价，电力局将多收的差别电价交入财政专项的“节水调节基金”

地下水严重超采区，对地下水深层超采机井的用电，每度电强制提高0.3元，以一个村为单位计算每个村的每亩地平均用水量，计算单元是行政村，将多收的差别电价收入即“节水调节基金”按照各村耕地面积平均补贴到农户，实现村内部平衡。该政策实施前3年财政给予一定补贴扩充“节水调节基金”，随后可以逐年递减。例如，第一年财政每亩地补10元，第二年8元/亩，第三年5元/亩。通过3年过渡期，政策完善后，如果地下水压采区都实行了“一提一补”政策，就不用再给特殊的财政补贴政策。水资源税实行后，国家的补贴政策应在3～5年内退出，制度模式就是真正的“一提一补”制度了。

（二）“一征”就是按量征收水资源税，根据水资源的重要程度和稀缺性分类征水资源税

针对目前“一提一补”制度不能全覆盖的问题，不能再用“自愿”实行的原则，要探讨行政强制政策。从水资源的属性说，属国家所有，政府是水环境和水生态的代言人，政府用财税政策来管理

水资源是正确的做法。2016 年 5 月，财政部、国家税务总局、水利部联合公布《水资源税改革试点暂行办法》，自 2016 年 7 月 1 日起在河北省实施水资源税改革试点。对于农业生产用水，办法中第十一条：“对超过规定限额的农业生产取用水，从低制定税额标准征收”。这种表述明确了农业生产用水征收水资源税的两个观点：一是征税的目的是节水，也可以解释为实现水资源的可持续利用。这要求水资源税必须实现依量依价征收，也就是按“一提一补”实际用水量征收。二是少增加农民负担，也可以解释为基本不影响农民收入。“一提一补”制度将提高水价的资金按用水单位平均补贴给了用水者，没有给用水者增加负担，只是在用水者层面以平均用水量为基数、以提价幅度为奖罚标准进行了节奖超罚。

（三）“一补”就是征收的水资源税归地方政府，再按用水单位（人或地）平均补贴给农民

补贴最大的问题就是区域或计算单元的选择，现行制度是选择一个自然村，在这样的自然村，水资源供需情况都差不多。另外，用水习惯、种植习惯、水文、地质、市场等所有的外界因素都差别不大，实行“一提一补”制度就可以形成很好的“节奖超罚”；如果客观因素差别很大，就有可能形成一部分永远受奖，另一部分永远受罚的情形，这样会引起一些矛盾，这也是“一提一补”制度不能大面积实行的原因。但是在推广时，现阶段可以先按村，随着农村土地流转和新的农村经济主体的发展，一个自然村只有几户或一户，不能形成有效的节奖超罚制度，“一提一补”制度再以自然村为单元就失效了，因此，计算单元要扩大到乡（镇）甚至是县或市。

对实施乡村振兴战略的几点建议

李玉勤

中共十九大作出实施乡村振兴战略的重大部署，既全面深化了对“三农”问题的认识，又指出了今后“三农”工作的努力方向。个人认为，在全面实施乡村振兴战略过程中，要全面理解“产业兴旺、生态宜居、乡风文明、治理有效、生活富裕”的目标要求，在实施过程中应该关注以下问题。

一、要以发展和公平为取向促进乡村发展

1. 农业农村农民问题是关系国计民生的根本性问题。农业农村优先发展是2035年我国基本实现现代化的重要保证，是实现城乡平衡发展和融合发展的第一动能。乡村振兴不仅仅是解决农业增产、农民增收的问题，也不仅仅是“城市有、农村没有”、二者差距太大的问题，而应转变“以城统乡”思路，破除“城市中心论”，重新认识和定位乡村价值，补农村发展的短板、强农业发展的弱项，真正实现符合我国时代特点和农业农村发展比较优势的城乡融合发展，进而实现全体人民共同富裕。

按照2016年中国国民经济和社会发展统计公报，我国户籍人口城镇化率为41.2％，常住城镇户籍比例为57.35％，尽管城镇化率有了明显提升，但是农村发展的自然条件决定了我国的城镇化率的峰值可能在65％～70％，就是说总会有1/3左右的人口是长期生活在农村地区的，他们也有对美好生活的向往，更渴望公平正义。贫困农村地区的贫困人口，老龄化、无文化、病残现象严重，

他们最迫切需要解决的是发展问题，是增加收入和改善生活水平和生存环境，实现从二元经济向一元经济的发展和与城市融合，实现公平问题。

2. 乡村振兴的目标实质上就是要最终实现城乡融合发展。改革开放以来，城市化和工业化集聚了深厚的能量，完全具备以城带乡、反哺农业，实现乡村与自身价值增值的条件。现代信息技术的发展和基础设施的完善以及乡村振兴战略各项政策为农村持续健康发展打开了通道。

在确立乡村主体地位的同时，充分发挥政府的主导作用。乡村振兴战略的战略重点应该是政府主导下的发展与公平。建立健全城乡融合发展体制机制，加快推进农业农村经济优先发展。要推进农业供给侧结构性改革，以体制改革和机制创新为根本途径，加快培育农业农村发展新动能，开创农业农村现代化建设新局面。特别要加大对农业农村的财政支持力度，形成农业农村发展的财政激励机制，使政府支配的资源在农业农村发展中发挥磁铁效应。

3. 重视农民的参与性和受益性。乡村振兴过程是多元主体齐发力、共受益的过程，尤其要充分考虑和突出体现农民的广泛参与和普遍受益。特别要注意防止不符合农民需求的“空降”产业落户，即使符合当地需求的产业发展，外来主体和资本的合理投入也要以当地村民的利益为先，避免反客为主，形成对村民的新掠夺而带来新的不公平。

二、乡村振兴要因地制宜、因地施策

我国农村地理分布广大，社会结构复杂，不同地理环境、资源条件、习俗观念的影响较大，农村地区发展极不平衡，不同农村地区的现代化、市场化程度差别较大。这种不平衡发展几乎是全方位的，主要表现在产业发展、环境生态、公共服务与社会保障、生活水平等多个方面。

1. 对不同乡村宜采取因地制宜的发展策略。实施乡村振兴战略，宜因地分类施策，依据乡村的资源优势、区位优势和发展过程中积累的其他比较优势，充分发挥各地乡村的优势、特色，分类推进，实施差异化策略。真正将乡村振兴战略落地、夯实。不求过高标准，照顾到各相关主体承受能力，特别是农民和乡村两级能力，避免乡村发展大帮哄、“一哄而上”。推进乡村振兴战略不能搞“千村一面”，不应大范围简单复制有限的样板模式，不要形成单调的乡村发展局面。提倡百舸争流、特色各异的乡村发展格局。

2. 乡村发展应该循序渐进。乡村发展必须立足于乡村客观环境条件，认真分析乡情，摆脱模式化思维制约，找准着力点，寻求新突破。让实施振兴规划的村庄能够自我滚动发展。不做表面文章，不摆花架子，避免短视、一时行为，促使其迈上可持续发展的振兴之路，形成长期、可持续发展能力。

3. 把握好平衡发展。要处理好点面关系，抓典型可以比较快推动经济总量发展，也容易出政绩，但是可能忽略广大农户群体协同发展、共同富裕问题，普通农民难以受益。要使发展成果为最广大农民分享，增加其获得感。小农户始终是农村的大多数，要努力将其纳入发展进程中，衔接好其与大市场的关系，不让他们掉队，避免产生新的相对贫困甚至绝对贫困。广大农区和欠发达地区，是实现平衡发展、全面小康的难点、重点、关键，应该下更大力气。

4. 避免进一步扩大农民收入差距。乡村发展项目要立足于当地资源环境条件，能形成对普通农民的增收效应。在形成新的经济增长点的同时，要尽量吸纳当地普通农民就业。缩小个别人暴富与普通群众难以受益的强烈反差，防止形成新的贫富分化局面，既发展经济，又减少农村贫富差距的负面冲击，增强农村社会稳定程度。

三、更加注重发展的质量与效益

发展不能为了规模和速度，而要更加关注发展的质量和效益。

农村振兴，不仅是经济总量增长问题，在有效提高农民收入的同时，关键在于形成农民真正受益的利益格局。

1. 首要的是要选对产业。由乡村确定自己发展的主导产业，形成能够充分利用自身资源并符合市场需要的产业结构，着重发展特色产业。在传统农业产业比较效益难以提高的情况下，关键在于如何实现一、二、三产业融合发展、匹配发展、互相促进，形成可持续发展的产业结构，通过产业融合发展确保农民真受益、真增收。通过发展农产品加工业，延长农业产业链、组织连、就业链和效益链，实现农产品多层次、多环节的转化增值，让农民能够分享到二、三产业增值的额外收益。

2. 摒弃为了经济总量而盲目上项目、拼速度的思路。在发展农村二、三产业过程中，应该摒弃为了经济总量而盲目上项目、拼速度的思路。农村污染治理比城市更难、欠发达地区比发达地区更难，治理效率更低、投入可能更大，因此特别要防止污染产业、过剩产能向农村转移。确立“绿水青山就是金山银山”的观念，用绿色发展确保可持续发展，实现生态宜居。

3. 农村产业发展要防止脱实向虚。既要鼓励新产业、新产能、新业态发展，又应避免对农村实体经济的实质性冲击，以实体经济发展促进产业振兴，保障普通农民就业、增收。将虚拟经济发展建立在实体经济、实物生产能力提高的基础之上。互联网等现代新技术手段的使用要服务于农村产业发展、三次产业融合发展，服务于实体经济发展，带动农民增产、增收。

4. 结合统筹推进精准扶贫，发展高效特色产业。贫困地区农村要用农民致富＋“看得见山、看得见水、记得住乡愁”的思路推进发展进程，立足于当地条件，做强做大特色产业，吸纳贫困人口参与发展进程，精准带动贫困人口增收、脱贫。在确保如期按时脱贫的同时，不牺牲生态环境，不改变淳朴乡风、民俗，保护乡村优秀传统文化，形成各有特色的具有吸引力的乡村人文特色。

四、始终关注粮食安全

我国人口多、资源环境短板明显的格局难以根本改变，决定了粮食安全问题将始终是必须面对的一个根本性基础性问题。

1. 时刻不能放松粮食生产。不能因为粮食生产的收入贡献小、发展助力弱，关注经济更快发展，就有意无意忽略粮食安全问题。牢牢把握“中国人的饭碗任何时候都要牢牢端在自己手上”“集中力量首先把最基本最重要的保住，确保谷物基本自给、口粮绝对安全”。我国 6 000 亿千克粮食生产能力还是一个基本的保障标准，对此要有准确认知。

2. 用保粮食生产能力来确保粮食安全。在实施乡村振兴战略过程中，应避免以调结构为名冲击粮食生产。要把握住耕地红线，避免以扩张经济总量名义侵占基本农田。当前，主要农产品价格低迷，冲击了粮农生产积极性。国家应出台政策，提升粮农生产积极性，特别是要保护粮食生产能力，降低对粮农增收的负面效应。

3. 需要评估农产品品质提升对粮食总量的影响。要认识到我国现有粮食生产能力是建立在大量甚至过量施用农用化学品的基础之上的，如果生产技术水平难以有较大提高，可能会在提升品质的同时降低产量。要致力于科技推动，在提质的同时实现增产增效。

4. 关注粮食对于贫困农民的保障作用。立足于普通农区、贫困地区农民的生产、生存现实状况，其中很大一部分农民没有农外就业渠道，农业还是他们的主要或基本生活保障来源，要统筹考量粮食生产在这些农户的生计问题上的重要支撑作用，避免损害他们的基本生产权益。

五、加快提高我国农产品国际竞争力

我国普通农产品价格不低、品质不高，造成进口强烈冲击，倒

逼我们必须提高农产品国际竞争力。

1. 优化农产品出口结构。发挥我国农业比较优势，继续加大劳动密集型，特别是具有民族特色的农产品的生产和出口。依靠科技创新推动，提高科技含量，开发新产品，改善品质，满足国际市场差异化需求。树立中国品牌形象，打造出口农产品的核心竞争力。

2. 通过体系化降本提质。完善现代农业产业体系、生产体系、经营体系，健全农业社会化服务体系，发展和完善农业合作组织，通过体系化，提高农业生产组织化、规模化、标准化水平，有效降低成本，提高品质，增强农产品竞争力。

3. 培育、壮大职业农民群体。培育现代职业农民是有效提高农产品国际竞争力的重要抓手。通过培育农业大户、家庭农场、合作社带头人，实现农业生产职业化、规模化、科技化、机械化，有效降低单位农产品生产成本，提高竞争力。

附　　录

附录 1　中国农业科学院农业经济与政策顾问团简介

为有效利用中国农业科学院“国家农业政策分析与决策支持系统重点开放实验室”政策分析平台，指导研究人员及博士后深入实际，调查研究我国农业和农村经济发展中的政策热点、重点和难点问题，为国家制定农业政策和解决“三农”问题提供科学的决策服务，充分发挥专家顾问的高层指导作用，中国农业科学院依托“国家农业政策分析与决策支持系统重点开放实验室”政策专家顾问组和博士后指导团，于 2005 年成立了中国农业科学院农业经济与政策顾问团（以下简称顾问团）。截至 2017 年 2 月，顾问团成员共有 14 名。顾问团秘书处办公室设在中国农业科学院农业经济与发展研究所，负责顾问团日常事务安排与管理。

一、主要职能

1. 研究确定开放实验室年度研究主题和研究思路，对立题进行指导和审查，确保研究主题切合实际需要。

2. 对研究成果进行评估和把关，确保研究成果具有战略性、前瞻性和可行性。

3. 为开放实验室基础性、公益性研究工作提供指导，确保研究计划的针对性和指向性。

4. 指导拓展研究成果的转化和运用渠道，确保服务宏观决策的作用充分发挥。

5. 组织编制内部材料《判断与思考》，供国家有关部门和中央领导决策参考。

6. 指导博士后研究人员。

(1) 为拟招聘入站的博士后研究人员，提出、确定研究选题。

(2) 指导博士后年度招聘面试工作，评议确定年度初选博士后研究人员名单。

(3) 指导新招聘博士后研究人员进行前期研究开题，对已招聘博士后研究人员的课题框架和工作内容，进行理论和实践指导。

(4) 指导博士后研究人员开展调查研究工作以及研究成果转化为政策建议。

(5) 为博士后研究人员开展课题研究工作提供其他必要的支持。

二、运行管理

1. 顾问团每年开展活动，由秘书处根据需要事前提出议题建议，经与相关人员充分沟通后报请顾问团负责人审定。

2. 顾问团成员兼任博士后导师。

3. 顾问团的活动经费及博士后研究基金主要由农业经济与发展研究所自筹解决，并争取有关部门、单位、机构的支持与资助。

4. 秘书处负责《判断与思考》的具体事务以及顾问团活动的安排与组织管理。

三、研究成果

1. 面向我国农业与农村经济发展的重大理论和现实问题，开展农业农村经济与政策相关研究，既要体现国家农业政策的前瞻布局，又要代表国家农业与农村经济的发展方向，同时能够满足省、市地方农业农村经济发展的需要，为国家解决“三农”问题提供决策参考。

2. 研究成果归属于顾问团和中国农业科学院农业经济与发展研究所共同所有。

附录2　中国农业科学院农业经济与政策顾问团成员

万宝瑞　国家食物与营养咨询委员会名誉主任、顾问团团长
翟虎渠　中国农业科学院原院长、顾问团副团长
尹成杰　中国农业经济学会会长
刘志澄　中国农业经济学会名誉会长
陈晓华　农业部副部长
江泽林　国务院副秘书长
黄守宏　国务院研究室主任、党组书记
钱克明　全国政协常委、商务部副部长
马正其　国家工商行政管理总局党组成员、副局长
薛　亮　全国政协委员、中国农业科学院原党组书记
郭庚茂　全国人大农业委员会副主任委员
杨庆才　吉林省原副省长
袁以星　上海市原农业委员会主任
马晓河　国家发展和改革委员会宏观经济研究院原副院长

附录 3　中国农业科学院农业经济与政策顾问团秘书处

秘书长：

李金祥　中国农业科学院副院长

副秘书长：

高士军　中国农业科学院办公室主任

袁龙江　中国农业科学院农业经济与发展研究所所长

王小虎　农业部食物与营养发展研究所所长

秦　富　中国农业科学院农业经济与发展研究所研究员

办公室主任：

孙东升　中国农业科学院农业经济与发展研究所副所长

王济民　中国农业科学院办公室副主任

图书在版编目（CIP）数据

2017中国农业科学院农业经济与政策顾问团专家论文集／顾问团秘书处编．—北京：中国农业出版社，2018.4

ISBN 978-7-109-24073-5

Ⅰ.①2…　Ⅱ.①顾…　Ⅲ.①农业经济－中国－文集②农业政策－中国－文集　Ⅳ.①F32-53

中国版本图书馆CIP数据核字（2018）第072994号

中国农业出版社出版

（北京市朝阳区麦子店街18号楼）

（邮政编码 100125）

责任编辑　杨桂华　廖　宁

中国农业出版社印刷厂印刷　　新华书店北京发行所发行

2018年4月第1版　　2018年4月北京第1次印刷

开本：700mm×1000mm　1/16　　印张：7

字数：150千字

定价：46.00元